教养原来可以如此优雅

不吼叫，不打骂，教出最棒的男孩

〔韩〕林英珠 / 著　于涛 / 译

中国妇女出版社

图书在版编目（CIP）数据

教养原来可以如此优雅：不吼叫，不打骂，教出最棒的男孩 / (韩) 林英珠著；于涛译. -- 北京：中国妇女出版社，2014.12

ISBN 978-7-5127-1006-1

Ⅰ.①教… Ⅱ.①林… ②于… Ⅲ.①男性—家庭教育 Ⅳ.①G78

中国版本图书馆CIP数据核字(2014)第290618号

著作权合同登记号图字：01-2014-8091

教养原来可以如此优雅——不吼叫，不打骂，教出最棒的男孩

作　　者：［韩］林英珠　著

译　　者：于　涛

责任编辑：王海峰

封面设计：道远设计

版式设计：李　青

责任印制：王卫东

出版发行：中国妇女出版社

地　　址：北京东城区史家胡同甲24号　　**邮政编码：**100010

电　　话：（010）65133160（发行部）　　65133161（邮购）

网　　址：www.womenbooks.com.cn

经　　销：各地新华书店

印　　刷：三河市金元印装有限公司

开　　本：165×235　1/16

印　　张：14.75

字　　数：270千字

版　　次：2015年1月第1版

印　　次：2015年1月第1次

书　　号：ISBN 978-7-5127-1006-1

定　　价：35.00元

承认男孩的天性，发挥男孩的长处

下面是准备为自家男孩购买书桌的三位妈妈的对话：

“不知道养女孩怎么样，但是养育男孩真的很费力。”

“感觉男孩真的是为了考验父母才出生的。太累人了，养他姐姐的时候可没这么费劲。”

“但是有趣的是儿子和他爸爸相像的地方特别多，好像是一个模子里刻出来的。”

“肯定的呀，亲生父子嘛！儿子的各种动作表情简直就是他爸爸小一号的翻版。”

简单概括起来，妈妈们谈论的主要内容就是养男孩很累，男孩和爸爸很像。

在担任托儿所和幼儿园咨询委员会委员期间，我总是能听到诸如“看管男孩非常累”“和女孩相比，看管男孩需要花费更大的精力”“男孩和女孩应该收取不同的费用（男孩应该多收费用）”等半开玩笑的话。

“男孩”这个词语给人一种“结实”的感觉。对妈妈来说，儿子和女儿是不一样的，并有“妈宝男”的说法。这似乎让人觉得男孩和妈妈更容易相处，但事实上并不是这样。妈妈养育儿子，普遍觉得十分吃力。同时，她们还觉得“孩子在很多方面和爸爸似乎是相通的”。在幼儿教育机构工作的女老师们普遍反映教育男孩子很困难，但男老师觉得教育男孩子相对来说更轻松。

我开始对男孩子这个群体，以及关于男孩子的话题更加好奇了。看起来更需要和爸爸多相处的男孩子，然而大部分男孩往往是由女性（妈妈）带大的。

这是一本关于“男人（男孩）”的书，是我经过很长时间、采访了很多人，将获取的第一手资料，经过整理而写成的。作为女性，为了弄清楚我不太了解的部分、得到更多的资料，我采访了很多成年男性，也倾听了很多有育儿经验的妈妈的想法。此外，我还对这本书的主人公——“男孩”，进行了细致的观察和分析，才最终完成了这本书。

作为同性的爸爸尚且不能完全搞清楚儿子的各种想法，可想而知，妈妈要想完全了解儿子、科学地养育儿子，该有多么大的困难。因此，在养育男孩这件事上，爸爸要积极参与、多提意见。只有当母亲的柔和之力与父亲的阳刚之气合二为一，共同承担起养育男孩的重任，男孩才能成长为真正健康的男子汉 。

这是一本关于“如何养育男孩”的育儿类书籍，分别讲述了应该如何养育男孩的各种话题，此外还着重强调，要把理解和承认孩子的天性放在首位。

我们都知道，当听到恋人之间有“我真不理解你到底是怎么想的”之类的语言出现的时候，是非常不好的征兆。这样的话里暗示着“我不能接受这样的你”或者“我们在一起很累”的意思。

很多情况下，我们经常听到妈妈抱怨说：“真不理解儿子到底是怎么想的。”实际上，妈妈需要把“坚决要把儿子培养成帅气男子汉”的野心稍微放一下，先尝试着去了解你的儿子到底是什么样子。不然一味地打着“一切为了好好养育儿子”的旗号，对男孩进行“改造”，可能一不小心就会错误地抹杀男孩与生俱来的天性。如果把男孩比作宝石，那么一味地对男孩进行休整、打磨、加工是不行的，因为加工制作的次数越多，男孩本身特有的光彩消失得也就会越多。

男孩可能是巍峨大山上的岩石，可能是山谷深泉的溪水，还可能成为能够掀起千层浪的大海。但是从你想把岩石移到庭院的那一刻起，岩石就不可能再雄伟了。倘若你还打算把它禁锢起来，他自身所具有的纯净和雄伟也就随之消失了。

男孩就是如此，他们身上具备一定的自然属性。对于有这样那样担心的人来说，男孩就像一块粗糙的原石，非常需要他们的打磨。但请父母们别忘了，只有肯定男孩身上这种与生俱来的特质，才会发现他们的

“壮观”和“雄伟”。所以本书讲述的第一观点就是一定要以宽容之心，来看待和承认男孩身上与生俱来的特质。

男孩归根结底是个孩子，对孩子进行一定的教育还是非常有必要的。因此我们既要承认孩子的特性，同时还要想办法教育好孩子。那么如何才能做到既不抹杀孩子的天性，又能发挥他们的优点呢？

男孩只有养成良好的品性、健全的人格，他自己以及周围的人才能过得幸福。未来要和男孩度过一生的是别人的“女儿”，如果男孩一个人单独过一辈子的话，那么顺着男孩的天性把他养育成人是没关系的，但是男孩长大后是要和别人家的女儿一起生活，所以有些地方还是要对他进行一番打磨才行。这就涉及另一个话题：不仅要培养男孩具备男人本身应具备的素质，还要超越这些，把他培养成一个自然人、一个未来合格的丈夫、称职的父亲。

在这个过程中，我们不能抹杀孩子的男性特征、不能让他们的男性特征转变为女性特征。男人就应该像个男人，女人就应该像个女人。这并不是说反对男女平等，而是说就像山就应该雄伟、水就应该柔和一样，男孩就应该像个男子汉一样。我们不是在谈论山有多高、水有多深，而是说他们本身就要有自己该有的样子。没有父母或者女人喜欢柔柔弱弱的男性，因此要包容他们的变化、尊重男孩男性化的外貌和需求，给他们勇气。另外，不要以为一个男人只要够刚强就是真正的男人。将来有一天男孩变成孩子爸爸的时候，在育儿的过程中他也需要具备一定的柔情，所以我们也要培养儿子，让他身上拥有柔软的部分。

育儿过程中最大的敌人莫过于无知和误解。虽然不太了解方法，但因为在养育过程中注入了信赖，所以结果还不算太糟糕。但是如果父母确信自己所掌握的知识是对的，然后按照自己知道的方式方法去养育、引导孩子，结果当父母掌握的知识和实际情况发生冲突时，就可能引起很大的问题。

世上不存在完美的理论，养育儿子也不能完全照本宣科。“男孩子们都具有普遍性的特征，我的儿子也一定是这样的”， 父母们千万不要让我们已经掌握的知识成为孩子成长的羁绊。各种各样的教育类书籍都只能当作参考，而不能作为标尺。

男性和女性的差异主要源于性染色体的不同。就如我们所有人知道的那样，女性的性染色体是XX，而男性的性染色体是XY。我们应该了解男性特有的Y染色体是非常不安定的，而我们的男孩就是带着不安定的染色体出生的，所以才如此强悍。而有责任把与生俱来带着不安定染色体的男孩培养成堂堂正正男子汉的人正是我们这些做父母的。

“你为什么要这样？怎么又上去了，就不能安静地坐一会儿。”

“真是让人无法理解。你这样做，到底是怎么想的？”

妈妈训斥男孩的声音，似乎就在耳畔。所以，如果父母在读完此书后，能够意识到“哦，原来儿子就是这样长大的呀”，进而内心得到一些抚慰，我的目的就算达到了。同时我也希望我们的男孩们能充满旺盛的好奇心，到处跑来跑去地进行一次次冒险。我还希望，哪怕有一天我们的男孩都变成这种样子：耳朵上戴着耳环、下巴剔净胡须、脸上化着妆，外貌比女孩子还要好看……也绝对不要失去好奇心、冒险心，以及挑战的精神。

更重要的是，父母在养育男孩的过程中所感受到的那种乐趣是任何快乐都无法比拟的。与此同时，男孩在妈妈的认可和理解中，在爸爸厚重的爱和关怀下长大成人，也会感到很幸福。当然将来要和男孩过日子的女孩毫无疑问也一定会非常幸福。那么，整个社会就会变得更加和谐。

希望这本书能够帮助父母更加智慧地养育男孩。

林英珠

2013年12月

目 录

第三章 称赞可以让孩子手舞足蹈

第四章 爸爸妈妈，请这样养育我

第一章 请承认男孩的不同和特殊

差异和差别是不同的

01

女孩和男孩不同

"女生和男生不一样。"

"有什么不一样呀，都是人啊。"

"虽然都是人，但男生和女生是不一样的。"

"没有不一样，都是一样的。"

"男生力气更大。"

"有的女生力气也很大。我妈妈的力气就比爸爸的还要大。"

"女生头发长。"

"有的男生头发也很长。"

"啊，总之就是不一样嘛！"

7岁的俊成有些生气，提高了嗓音向朋友喊道。

老师也说："男生和女生一样。"

"老师，不是这样的。男生和女生就是看起来不一样！"

老师在教师会议上把这件事当作案例提了出来。

天生活泼可爱，养育起来却不简单的男孩

只有承认男孩与女孩的差异，才能使养育男孩这件事变得简单。7岁的俊成和朋友的话都是正确的。男生和女生虽然不一样，但都是人。只是长期强调性别的鲜明不同，我们可能会对性别做出过度的反应。对男女，我们既要认识到他们的相同，又要承认他们的不同。只有这样，我们才能正确地养育男孩。

如果不将“无法理解”转变为“可以理解”，那么妈妈很难“正确地看待”男孩。男孩的世界从妈妈的角度看是无法理解的，这是很正常的事情；但男孩在不被理解的状态下成长起来，却是件十分严峻的事情。

如果询问幼儿园的老师，我们就会有深刻的体会。对于“女孩子好带呢，还是男孩子好带呢？”“女孩子和男孩子哪个更听话呢？”等问题，老师们一般都会给出这样的答案。

“女孩子更好带。”

在父母教育课堂上，当我问“男孩和女孩哪个养育起来更困难”的时候，家长们会毫不犹豫地回答“男孩子”。这跟父母更爱男孩或女孩无关，这也不是在长时间的思考后得出的答案，而是单纯地认为“当然是养育男孩更困难”。

男孩子虽然是结实、可爱的代名词，但是养育起来却不那么简单。让父母——特别是妈妈束手无策的男孩到底是怎样的呢？如果无法理解儿子，“母性”再强的妈妈也会感到疲惫不堪；如果无法理解

男孩子，再有耐心的女老师也会变得不耐烦。

我们不能打着“好好了解男孩子”的名义，让男孩成为实现我们私心和期待的工具。也就是说，我们在理解和认同孩子的同时，应该帮助他充分发挥自己的能力。因此认识男孩子的天性对养育男孩有着重要的意义。

作为男孩，最初我们是生活在“女性”——而不是“男性”的肚子中。我们和妈妈一起分享食物、共享思想，用同一双眼睛观察世界。出生以后，虽然多了一个被称为“爸爸”的男性，但我们和妈妈相处的时间会更长；虽然世界上也有其他男性，但很难接近。

上幼儿园后，在这个第一次踏入社会生活的地方，依然是女性的世界。我们身边的男性只有同龄的小伙伴儿。在他们身上，我们很难看到榜样。不成熟的小伙伴们和我没有多大的差别。长期生活在女性中，我们会表现出不懂事的一面。

幼儿教育机构的“女老师”们大都具有细心敏感的“女性特征”。玩得稍微过火就会被说成是危险。她们无法理解安静不下来的我们，这一点和妈妈十分相似。我们不知道为什么不能大喊大叫，很好奇为什么玩刀子会很危险、为什么走路不能摇摇晃晃、为什么不能抢别人的东西玩，也不明白为什么老师总让我们保持安静、不能乱动。和安静地坐在书桌前的女孩相比，我们更擅长也更喜欢乱跑、乱动。

站在男孩子的立场来看，可以发现以下几个问题。

比起女孩子，养育男孩子要更困难。为什么呢？男孩与女孩从开始就不同。男孩的染色体是XY，本身就不安定，而且胎死腹中的概率也更高。

出生时，男孩子的体重和个头比女孩要重、要大。在出生时，男孩就具有男性所固有的特性。如果能了解男孩子的这种不同之处当然是好的，但如果妈妈“不能理解”男孩子，那么男孩必然会受到妈妈的压制。

在男孩看来，自己从小就生活在矛盾中。男人不能哭，但应该有丰富的情感；男孩子不能话多，但也应该擅长说话；男孩子应该生龙活虎，可一旦受伤，又会挨骂。

男孩，就应该按照男孩的标准去养育

去国外旅游踏入别的国家的领土之前，我们需要提交一个文件。文件上通常有一栏写着性别。现代社会讲究男女平等，大部分的文件上都会有男女分类的一栏，只是单纯地为了区分男女而设定的，因而没人会将其看作“性别歧视”。

从这个意义上，我们就可以理解7岁的俊成的话是什么意思了。很郁闷，自己并没有性别歧视的意思，但朋友一直说男女是一样的，再怎么说都说不通，连老师都说“男女是一样的”。不知所措的俊成只能反复地说“不是这样的”。

有的妈妈听别人说孩子要经历双性差别才好，于是在女儿已经选择了粉红书包的情况下，执意为她挑选了蓝色书包。也有的妈妈为了让儿子像男子汉一样成长，“啪”一声打落儿子伸向粉色书包的手。这些情况都令人担忧。

“像”的本意中包含尊重原本的、自然的特征。如果局限在“像”中，那么肯定会受到拘束。但从积极的一面看，有着让人们尊重并认同天性的意思。

男孩是男性，因此要让男孩像男性一样，而不应该试图将男孩喜欢“用力”等男性的本性消灭掉。如果男孩们全都舍不得用力、变得柔弱，那世界将会陷入混乱中。

但这并不是说我们要对男孩子的心理和情绪状况，甚至孩子的小声嘟囔和抱怨置之不理。不论是女孩还是男孩，在能用话语直接说明的情况下，用哭或者小声嘟囔来代替，并不是值得提倡的一件事。

男孩具有如下特性：好奇心强、攻击性强、对强大事物的憧憬、想要挑战的欲望、与罪恶作斗争的正义感、占有欲强……当然，男孩和女孩也有一些共同的特性，但他们的共同特性对男孩来说，前面加上“强”这一修饰语会更加贴切。发起“战争”的大多数是男性，而保护女性和孩子的规则也是他们制定的。即男性同时具有攻击和保护的奇妙特性。

如果不想让男孩在遇到危险时只会躲在妈妈和未来妻子的背后，就应该按照男孩的标准去养育他。让自己的孩子像个男子汉一样成长，并不是说当男孩选择粉色时强迫他选择蓝色。请不要管他。时机到了，他会把蓝色当作男性的颜色。这时，请父母仍然不要管他。请不要强迫孩子经历双性差别。按照男孩的标准去养育男孩指的是承认并接受男孩在不同时期的成长特点，并且提供合适的帮助。本性就像流水，从高处往低处流是它的规律。

理解差别和区别，尊重“像……的样子”

想象一下这样的国家：男人们拒绝参军，而要求女人去参军，那结果会是怎样。当无法理解“差别”和“区别”时，再想象一下如果越来越多的男子进行烛光示威——抗议“为什么没有男联，只有妇联”，那会是怎样的景象。

如果抗议“为什么女性不用参军，只要求男性入伍”的男性增多的话，问题会变得严峻。这种男女的严重对立，会使我们的幸福指数不断下降。

按照男孩的标准去养育男孩，男孩们就不会失去男人的天性，女人也会得到幸福。当女人成为妈妈后，需要知道尽管男女平等，但两者还是有“区别”的。只有妈妈把男孩养育得有男孩样，把女儿养育得有女孩样，社会才会和谐。所以当女儿拎着沉重的东西，儿子帮忙搬运时，妈妈们不要为儿子感到委屈。面对危机时，请不要让女儿直面危险，要让儿子走在前面。

当天空和大地各自起着自己的作用时，我们才能生存。而男孩像个真正的男子汉时，世界才会正常。请不要将男孩比喻成地，将女孩比喻成天，而是应该回归自然，让一切回归它本就该有的样子。男孩，确实应该像“男孩”一样养育。

TIP

★称赞儿子的男子汉举动

不要使用“因为是男孩子，因为是女孩子”等体现差别的用语。试着使用其他的话，自然而然地更容易被接受。“因为……的原因”这种语句往往带有差别的感情色彩，如果换成“如果……”的语句会更好一些。

1. 请正确使用“因为是男人……”等话语。

- “因为你是男人，所以要入伍”，并没有性别歧视的意思。
- “男子汉为什么哭”，当遇到情绪和感情问题时，不能用“因为是男人”等话语来解决问题。
- 对于摔倒了没有别人帮助、自己站起来的儿子，应该使用“果然是我儿子、是个男子汉、很坚强”或者“像个男子汉”等话语来称赞他。男人并不一定坚强，但我们希望儿子能变得坚强。

2. 承认男人的存在感。

- 发现蟑螂时，妈妈和女儿叫喊着“蟑螂”四处逃跑，而儿子站出来抓住了蟑螂。面对这种情况，一定要称赞儿子的这种男子汉行为。但如果儿子跟着你一起逃跑的话，绝对不要用这样的话指责他——“一个男人怎么这么胆小”。
- 通过“因为是你，所以珍贵”等话语认同和爱惜儿子，或者用“因为你是男孩子，所以妈妈很踏实”等鼓励男性天性的话语来激励儿子。

02

具有狩猎时期男性特性的儿子

儿子不久前刚刚挨完训，但是精神上抗打击能力好像还不错，仅仅5秒之内就重新嘻嘻哈哈起来。

上幼儿园的时候，只要说出“你这样做，妈妈会伤心的”，马上变乖的儿子，在上中学后总是找出妈妈不符合逻辑和矛盾的地方，然后拿出“道德书”追问不休。

“妈妈，你这样做不行吗？”

儿子打开书上记录理想父母的一页。可是儿子啊，虽然很想问你做了哪些努力，妈妈还是紧闭嘴唇、望着儿子。虽然内心反驳着“你做得好了，妈妈才能做好”，不过看着儿子逐渐走向理性逻辑的思维过程，妈妈内心还是有些高兴的。但仔细回想，儿子的话和行动有时候是前后矛盾的。

不论妈妈说什么，都要求“您不能简单说吗”，每次坐在书桌前不到10分钟就跑出去踢足球，好像踢几个小时都不够。

到底为什么儿子的身体和内心都这么不安分呢？某位妈妈把儿子比喻为出去找食物的猎人，听了之后觉得很是安慰。到底我的儿子是不是从我的肚子里生出来的？妈妈们感到很不理解。

追逐、狩猎、寻找食物的猎人后裔

因研究“男性大脑和女性大脑”而闻名的加拿大莱斯布里奇大学神经学科黛博拉（Deborah Saucier）博士认为“男性具有适合狩猎的大脑”。在狩猎是生存之道的原始社会，要求男性具备激进的性格和行动能力，方向感和狩猎感，因此男性的大脑发育成为适合打猎的结构。用狩猎说来解释男性特性的这个理论，对于养育男孩也十分有用。

《男人来自火星，女人来自金星》这本书也揭示了男人和女人的不同。然而差异如此巨大的两个人成为了母子。妈妈想和爱子演奏爱的二重奏……想要有这样母子关系的妈妈，男孩能够理解吗？

男孩只要做点什么出格的事，妈妈就会唠叨。男孩玩得开心的时候，妈妈会说要小心，追问为什么做这么危险的事情，让男孩不胜其烦。到底妈妈要让我们怎么做呢。而和自己性别相同，可以稍微理解自己的爸爸又没多少时间和自己相处。

胎儿时期和妈妈一起度过了10个月的时光，那段时间妈妈好像是最理解我们的人，但每天和我们发生冲突、矛盾的人也是妈妈。不让我们动的东西，我们一定会去动；不让我们做的事情，我们一定会去做；说危险的事情，我们在眨眼之间就做了，而结果总是受伤，所以妈妈经常束手无策。最后我们经常听妈妈说的话便是“真是理解不了你”。我们在不被理解的状态下度过了婴幼儿时期 。当然，我们也知道妈妈有多爱我们，但也因此我们感到更加矛盾。深爱着我们的妈妈，对我们的约束为什么这么多，让人十分懊恼。

周围全是不理解我们，只知道万事让我们小心的女性，这让我们感到很委屈。这段时期过去后，我们上了小学。但小学里又基本上都是女老师。虽然期待过高年级就会有男老师出现，但那也只是苦难的延续。和那些像狐狸一样狡猾的女孩子一起玩耍时，总是被要求行动不要粗鲁，但有的女孩子比我们还会骂人，而一旦看到老师却又立刻变身淑女。老师什么都不知道，总是偏向女生，男孩子想让老师满意简直比登天还难。

虽然委屈，但我们很少诉苦。每当向老师抗议，老师总是让我们保持安静，并视我们为淘气包。因此我们也变得越来越淘气。

小学毕业后，我们进入中学。与女孩子生来不同的我们开始经历青春期，一直以来不太关注我们的爸爸也开始行动了。斥责、训斥成了家常便饭。因为妈妈常说“孩子不听我的话”，爸爸开始代替妈妈教育我们。我们并不是不听话，而是你们不理解我们。我也不知道为什么我会这样。我不是故意的，但事情就那样自然而然地发生了。

报纸上刊登了一篇文章，并附了一幅仙人掌的画，来指代我们，以此来说明我们很不好相处。但我把整篇文章读下来发现其写的全都是误解我们男孩子的内容。我们搞不懂了，从哪听来的我们是狩猎者的后裔。

请多给我们一些理解，我们想尽情地奔跑，但从很小的时候起，你们就不允许我们那样做。你们说那样做很危险，要我们小心，甚至有时候连我们到外面玩的时间都不给。等到我们稍微长大一些，能够判断危险与否，想尽情玩耍时，你们又出来阻挠我们，让我们坐在书桌前学习。现在我们身体和心理都已经成熟了，总是试图为自己寻找一个发泄的出口，因为我们再也忍不住了。虽然这样，但是我们还是没有想到有人会把我们描绘成像仙人掌一样的危险分子。所以我们更加羡慕狩猎时代可以尽情奔跑、尽情攻击的男人们，并希望能重返那个时代。

因为我们是狩猎人的后裔。

理解孩子，才能养育好孩子

一位记者曾专门写过一篇文章来为男人们平反。我在为本书做前期准备的时候，也特地拜访了这位记者，了解他自身成长的故事。通过整理这些故事，以及对男人的分析，我最大的感触是：比起思考怎样做才能够更好地养育孩子，对他们多一些理解、多一点体谅其实更为重要。

绝大部分的父母，总是把如何让孩子发生好的改变作为目标，但是我不希望您想办法去改变孩子，而是希望您能更好地了解孩子。

“你真是让人无法理解”，我们经常听到类似的话。人与人之间如果不能充分理解对方，就会造成不信任，之后便是两者之间关系的破裂。因为不能理解对方的动作、话语等行为所代表的真实含义，就会误解对方，进而得出类似这样的结论：“原来他不爱我啊。”

男孩为什么总爱乱蹦乱跳，为什么老做一些危险的事，为什么就不能安安静静地坐一会儿……无法理解这些事情的时候，父母特别是妈妈就会试图努力把男孩圈禁在自己可以理解的那个范畴内。越是想把男孩养育好，越是会这样做。所以，对于男孩，特别是处在青春期的男孩，并不能很好地接受妈妈传递给他的爱意。因为不被理解，所以男孩内心感受不到妈妈的爱也是自然而然的事。父母和子女之间关系破裂的过程和恋人分手是一样的，都是从“原来她不爱我呀”这句话开始的。

只有对孩子多一些理解，孩子才会茁壮成长。不要永远站在妈妈的视角去看孩子，而是要站在男孩们的立场去了解他们，这样才能教育好他们。他们总是尽情地奔跑，但还是觉得不够，第二天又去奔跑、打闹，并且乐此不疲。事实上也只有这样做，正处在无忧无虑童年时代的孩子们，才能拥有更健康的体魄和健全的精神世界。

从爸爸开始，把“危险，不要做”这样的话换成“没关系的，去做吧”，更能激励孩子。听这种话长大的孩子，会成长为“我能做”的那种充满自信的孩子；而不是说着“我可以做吗”那种充满畏缩感的孩子。在幼年时期，比起一个整天担心他安全的老妈，男孩更需要一个可以让他发挥好奇心、到处进行探索的宽容老爸。

所以对于男孩来讲，爸爸这个角色是非常重要的。狩猎时代的男人骨子里的血液一直流淌到了今天，所以说爸爸和男孩骨子里是相同的。于是我们常常可以看到妈妈们绝望得甚至想把双手双脚都举起来向他们投降，与此同时，这对父子却会脸上带着非常惊讶的表情看着妈妈。“我们到底做了什么，您这个样子？”爸爸和男孩形成的共鸣更有利于孩子的成长。

对男孩来说，爸爸是非常必要的存在。这是因为爸爸能理解孩子的想法，相对妈妈来讲，爸爸是更能养好他们的一方。“多理解孩子”也是成功育儿的秘诀之一。

TIP

★男孩那些让人琢磨不透的行为

不是为了纠正他，而是为了承认他。

1. 即使你为他设定了“不要进去”的屏障，他也还是会虎视眈眈地等待机会，瞅准时机进去。

在这之后，即使你教训他，他也会老老实实地听着，因为男孩的好奇心已经得到了满足。

2. 我们常常会说——“危险！”

虽然是这样说，但是男孩的好奇心一定会越过“危险”，直到最后腿摔断了才能真正意识到什么叫作危险。但就算是知道了，也不能保证不会发生类似的事。

3. 我们常常会说——“住手！”

男孩真的很难自我控制，只要是他觉得有趣的事情，他就会情不自禁地去做。

4. 妈妈的话稍微一多，他就会不耐烦。

不要惆怅、不要在觉得被无视的时候大喊大叫，男孩不是故意做出这种举动的，只是因为妈妈的话没有正确地传达给他罢了。

5. 妈妈说十句话不如爸爸说一句话管用。

比起妈妈很长的一段富有感情色彩的话，爸爸简短而有威严的话更能吸引男孩。正是因为这样，所以单身妈妈或者爸爸总不在的家庭，要在周围给儿子树立一个成年男性的模范形象。

03

男孩的创造性是与生俱来的

培养儿子的好奇心。

夯实基础知识。

要经常扪心自问到底想要什么。

即使是对于同一件事情，也要尝试寻找不同的解决方法。

对于常识性问题也要重新审视。

不要只按对错来评判、看待一件事情，要从不同的角度，按不同标准来看。

赵璧教授，在韩国拥有“教授的老师”的称号。我在拜读完他撰写的《我是大韩民国的教师》一书后，与之产生了强烈的共鸣。其中，令我非常震撼的是赵教授提出的一个构想，这是一个新时代所需要的、对创新教育很有帮助的构想，这个构想正好与男孩与生俱来具有好奇心的说法不谋而合。

顺应男孩的天性去引导、培养，他们就能成为真正的人才

男孩总是不停地问为什么，并在好奇心的作用下，眨着大眼睛试图用各种方法探索新事物；有的时候因为别人不理睬他，还会引起他无休止的挑战欲，这些都会使妈妈火冒三丈，然后不停地唠叨儿子；由于好奇心使然，男孩会毫不犹豫地把整个机器全部拆开，即便是妈妈刚刚嘱咐过，这个时候他也会忘得干干净净。男孩从来不会去想"万一……""如果……"那样的话，而只会一心尝试着去做一做。

对于上面描述的男孩子，用不同的观点去看待和对待他们，他们就会发展成为不同的人，或者成为被大人们不停唠叨的捣蛋鬼，或者成为能引起大家欢笑的淘气宝贝。

相对于女孩，父母对男孩总有操不完的心。同时，新时代也要求男孩身上具备创新精神，所以我在这里单独把男孩拿出来作为研究对象。

教育男孩，一定要注意"培养男孩的好奇心"。众所周知，男孩一般都有强烈的好奇心。也正是强烈的好奇心，才导致他们从刚学会走路开始，膝盖就有一茬接一茬的伤；才导致他们经常把许多东西碰碎或打碎。像"这个不能碰""孩子，那里不能进去""那里有鬼哦，不能过去"之类的话，我认为完全没必要一天不落地对孩子讲。

有些母亲在去别人家串门的时候仍会忍不住担心独自在家的儿子，担心儿子会在自己不在的时候摸到什么或者摔坏什么。和爸妈的叮咛比

起来，孩子的好奇心往往更占上风。男孩们拥有无比旺盛的好奇心，这是男孩的天性使然，父母想妄加阻止，能行得通吗？

事实上，对于任何事情都不感兴趣、总是闷闷不乐的那种男孩，即使你故意让他摸一件东西，他也只会在手中摆弄两下，不会引起他丝毫的兴趣。但是对于健康的男孩，即对于发育正常的男孩来讲，十有八九会不停地摸索，以至于让他们的父母心急如焚。而且他们不仅仅是用眼睛，还会用手、用嘴巴、用脚、用全身去探究摸索。

大脑的“欲望”区域会支配人挑战各种各样的事物，而处于发育期的男孩的大脑“欲望”区域更加活跃。作为研究大脑内部一种叫作血清素（幸福荷尔蒙）的物质的权威，东风大学医学部生理学科的Amrita Idaho教授编撰了《男孩头脑教程》这本书。读完这本书，你就清楚了培养男孩好奇心的重要性了。如果大脑欲望区域不发达的话，实践设定目标的概率就会很低。如果是男性荷尔蒙分泌正常的男孩，一般都会自觉地设立目标，然后在多巴胺（控制兴奋和活力的荷尔蒙）的作用下，自主地、认真努力地去实现目标。

有些迈入成长期和青少年时期的孩子，可能会成为“隐遁型孤立者”（被大家忽视不理的人），这个问题牵动着父母的神经。如果真到那个时候，父母才煞费苦心地去培养孩子大脑欲望区域的功能，那就太晚了。如果父母把孩子——特别是婴儿期孩子好奇心的种子铲除了的话，那么将来无论如何含辛茹苦地去培养，都将于事无补。

大家都知道，大脑的“欲望”区域可以激活多巴胺的活性，那么使多巴胺分泌的又是什么呢？答案是“称赞”。当然，根据实际情况，我们也需要说“不许这么做，不行”之类的话，但是不能总对男孩们说这些令行禁止的话，这会让他们丝毫不敢妄动。小时候经常接受称赞和鼓励的男孩们会有相当的成就感，这样在他们进入成长期和青春期的时候，就会自然分泌多巴胺，促使大脑欲望区域正常发育。

在孩子小的时候，为了孩子的安全或者为了更加轻松容易地抚养他们，而禁止他们做一些事，会使他们的大脑欲望变得低下，甚至完全丧失。等到孩子长大后，再去探究他们为什么会欲望低迷已经为时已晚。请父母务必谨记这一点。

请不要压制男孩们的好奇心。如果某些东西存在安全问题，就未雨绸缪，把这些东西收起来。父母平时也要多把目光投给儿子，对于他们活泼可爱的表现，要报以掌声、给予赞美的语言。父母要积极地去培养男孩们的好奇心，如果不是绝对身处险境，就放任他们自由活动。当然，要是爸爸在孩子身边，也可以用不一样的方法和孩子做同一件事，一边陪孩子玩耍，一边不忘给孩子加油鼓劲。父母和孩子一起组装东西或者一起运动的时候，可以尝试别样的方法、多渠道地进行，这样会事半功倍。因为男孩的好奇心是其所拥有各种能力的有机结合，即创造力、目标、梦想和充满挑战的大脑欲望区域的有机结合。

但是，对于那些天生就比较斯文或者谨小慎微的孩子，不要强迫他们去抚摸什么东西，也不要强迫他们去探索什么。就像我们一直强调的那样，男孩天生所带的东西，就按照其天性去看待、培养，这是很重要的。不能因为是儿子，或者因为是女儿，就按照普遍的特征，或是某个特定的标准去培养自己的孩子，这是不对的。

作为父母，如果我们只是用自己了解的理论知识去束缚孩子，这是大错特错的。任何理论都不能生搬硬套在自己孩子身上。

巧用称赞和鼓励激发孩子的成就感，让孩子的大脑欲望区更发达

赵璧教授曾经说过，“尝试用不同的方法去做同一件事，尝试用新方法去审视常见的问题。”

韩国EBS电视台的《父母》是一档专门为祖父母育儿提供专业指导的电视节目。这个节目的两个主持人一个是播音员崔允英，一个是歌手李贤宇，在现实生活中，他们已经为人父母。节目由演员史美子和他的孙子韩尔、索尔一起出演，讲述一家人一起旅行、一起做饭的小故事。

演出的第四周，节目中出现了一家人一起制作煎饼的场面。本应该用煎饼蘸着酱油一起吃，但索尔却想用苹果沙拉蘸着酱油一起吃。大家都说苹果不能蘸着酱油一起吃，但索尔还是偷偷地找到一个机会，最终达成所愿，还得意扬扬地对大人们说：“这样吃真好吃耶！”

这就是孩子的创造力最直接、最真实的表现。而且节目中也有孩子的好奇心和大人的先入之见针锋相对的场面。一般来说，煎饼蘸着酱油吃是一件理所当然的事情，是一种应该被提倡的食用方法。当孩子蘸了酱油后就不愿意吃的时候，大人就会劝孩子说：“蘸着酱油吃才好

吃。”这个时候，孩子就会认为酱油本身不是咸的食物，而仅仅是使其他食物变得有味道的调料。

孩子想用苹果蘸着酱油吃的时候，大人会因为味道咸而加以阻止。孩子很费解，这个酱油刚才还是用煎饼蘸着吃的“好吃的调料”，怎么会是咸咸的呢？在大人的眼中，苹果蘸着酱油吃这件事本身就是一件很奇怪的事，因为他们先想到的是酱油“咸”这个本质属性。但是，孩子最终还是找机会，达成所愿：用苹果蘸着酱油吃了。

这时候大人的反应也恰到好处，他们没有责备孩子，而是问孩子：“好吃吗？”孩子说好吃。没有理由不好吃吧，用煎饼蘸着吃，感觉很香的酱油，用苹果蘸着吃后，怎么能不好吃呢？也许会更好吃：因为甜的味道遇上咸的味道，就会使甜味更甜。

作为专家，我是从孩子与生俱来就有创造性的观点来看待这件事的。赵璧教授的观点也正好给这件事做了一个完美的解释。即“尝试用不同的方法去做同一件事，尝试用新方法去审视常见的问题”。这就是孩子天生具有创造性的理由。“用煎饼蘸着好吃的酱油，用苹果蘸着吃会怎么样呢？”这就是从创造性的视角来看问题。

为了培养孩子们的创造性，大人们最好也在一旁积极地献计献策。大家要尝试下，“不要只看重事物的对或者错，要以多种不同的标准去看待事物，就会发现别有洞天”。父母不要阻止孩子的尝试。因为在有孩子的家庭中，父母不可能在饭桌上放一些吃了会出大事的东西。

新时代所需要的创造力不是空想。如果不是漫画家、小说家娱乐人的话，创造力也是根据客观事实而产生的。所以即便是在实行开放教育的今天，基础知识的学习也还是通过注入式教育完成的。开放教育的特征是拒绝唯一的正确答案，但不是摒弃所有基础知识。

如果套用赵璧教授上面的话，孩子的答案“苹果蘸着酱油吃好吃”，就是正确的答案。如果孩子能把“好吃”和“咸”这两个词正确理解的话就更是锦上添花了。当然，如果孩子要把所有的东西都蘸着酱油吃，那就会摄取过多的钠，对身体有害无利，反倒过犹不及。

这就是那天节目中播出的关于“创造性”的故事。通过观看孩子们的表现，以及父母、祖父母们对待孩子们的态度，让我们受益匪浅。

我们不仅看到了韩尔做菜的样子，也看到了他摆餐桌时，积极思考所需物品，认真学习如何具体操作的样子。有创造性的人不仅探索如何做事，在人际关系中，也会积极去揣测对方“需要什么”，或者思考如何成为对方需要的人，这也是有创造性的人的表现之一。从这个角度来看，韩尔就是一个非常有创造性的孩子。韩尔性格偏内向，善于揣摩对方需要，是一个拥有一颗关怀他人之心的男孩子。

别人不吃的西瓜皮内瓤，充满创造性的韩尔却能发现其独特的味道，自己吃得津津有味。虽然大人们阻止索尔，但他还是寻找机会尝试用苹果蘸着酱油吃，最终大家都向这两个孩子报以赞许的掌声。

Tip

★不要压制孩子的好奇心和创造性

不要总是说“不要做！不行！”之类的话。当然，这也要根据实际情况，该说的时候也得说。当孩子处于危险中的时候或者正在做不应该做的事情时，就要明确地使用这样禁止性的话。除此之外的任何时候、每件事都要帮助孩子多积极地去尝试、去挑战。

1. 如果某些事物在激发孩子好奇心的同时又存在危险因素，一定要首先消除这些危险因素。

2. 不要带孩子去你认为有危险的地方。

◆ 不带孩子去危险的地方，比反复说诸如“不要做”“不行”“说了不让你做了”之类的话要有用得多。

◆ 如果一定要带孩子去的话，事前一定和孩子约定好什么可以做，什么不可以做。

◆ 如果孩子不能遵守约定，就立刻把孩子带回家。

3. 只要不是危险的事情，或者不会危及他人，都应该积极鼓励孩子去做。

◆ 如果有点担心的话，父母就陪孩子一起做。

◆ 对于婴幼儿、小学等低学年的孩子们，父母如果为了更轻松容易地抚养孩子，而去压制孩子们对新鲜事物的好奇心，那么将来无论如何含辛茹苦地去培养，都将于事无补。

4. 不要缩小孩子的活动范围，父母的眼睛和手要跟上孩子的行动，父母要把心全部放在孩子身上。

04

男孩子到底是正直还是固执

看木偶剧的那天，老师在学生回家前，对一天的活动进行总结。

“同学们，今天木偶剧好看吗？”

“是的，是的，是的。”

大多数孩子还完全沉浸在看木偶剧的兴奋中。

诸如学生们回答的“是的，是的，是的”之类的回答，和人们期待中的答案一样，这就是所谓的标准答案。

“老师，今天我们看的不是木偶剧。”一个男孩站起来，脸上一本正经地说。

“你说我们看的不是木偶剧？那你说说看，我们今天在讲堂上看的是什么？”

“虽然有木偶出来，但那是因为有人在操纵，所以应该是人剧。”

这种时候，我们常会说诸如“太郁闷了”之类的话。

但对于一个仅5岁的孩子来讲，老师应该仔细地说明、讲解。比如：

“嘿，这是规定的。虽然是人来操纵的木偶，但这仍旧是木偶剧。世界上哪里有人剧这种说法？我说得对吧。”

“不是的。既然是人操控的，就应该是人剧，对吧，老师？”

男孩的世界，就是我们让他看到和感受到的世界

有一种叫作锦鲤的鱼类，在鱼缸中只能长到5~8厘米，在水族馆中可以长到15~25厘米，而在自然环境中却有可能长到90~120厘米。

这个事例经常会在我们讨论环境重要性的时候被拿来作例子，孩子周围的环境也是这么重要。我们可以让孩子成长为“观赏鱼”，也可以把孩子养育成大鱼。不同的环境对孩子的影响是不一样的。

特别是对于固执的孩子来讲，父母创造的世界对孩子有很大影响。锦鲤如果讨厌狭窄空间，不能好好适应的话，就不能成长为“观赏鱼”；反之，如果它不能适应宽阔空间的话，也就不能慢慢地长成大鱼。但是锦鲤很好地适应了自身被给予的环境，并成长了起来。

一般来讲，从锦鲤的事例可以得出这样的结论：如果给子女创造好的环境的话，他们就能成长为“大鱼”。作为对锦鲤对环境的适应力的延伸，我想好好谈谈如何在现有环境下养育好孩子。

男孩一般都是直率、固执的。对于男孩来讲，他们所谓的世界，就是我们让他们看到的、感受到的世界。这就需要适当整顿一下孩子的周边环境，让他周边的人不那么鱼龙混杂。

“养育成人”这样的话越想越觉得伟大，同时也越觉得危险，再加上也都是通过学到的方式方法来养。父母也是普通人，却一直以模范形

象存在；父母是普通人，因而也是在不断犯错的过程中吸取经验教训才走到今天的；生活中怎么能一直像神一样完美？所有人都知道做榜样这件事说起来容易，实际做起来很难。

父母作为培养孩子的人是不能和普通人归为一类的。父母必须竭尽全力做到最好才行，因为每一个孩子都是珍贵的、独一无二的。孩子一直都是跟着父母长大的，父母的举手投足，甚至一句话都会直接影响到他们，所以为人父母不努力是不行的。

我们看看下面这个小故事：

公园里坐着两位老奶奶，她们分别带领着自己的孙子和孙女。

两个孩子都是不到两周岁的样子，连路都走不稳。那个女孩子想吃男孩儿的糖果，就想用自己手中吃过的饼干进行交换。男孩儿眼看着自己手里的糖果被抢走了就想哭。但是，他看了看手中的饼干还是无奈地吃了起来。

那个饼干还留有被女孩咬过的痕迹。但是，糖果却连糖纸都没剥开过。女孩子一边把糖果递给奶奶，一边说道：

“奶奶给我剥开……”

这个时候，那孩子的奶奶说话了。

“女孩子呀，就是机灵！”

“女孩子无论从前还是现在反应都比较快，从点滴小事中就可以看出她们非常机灵，这也是众所周知的事情。”

“照此发展下去，这岂不成为了女孩的世界。”另一位奶奶称赞女孩子时说道。

奶奶们说的话正好与真实的情况相符，一方面女孩子都是很有智慧的；但另一方面也说明男孩子是比较愚钝，或者说是憨直老实的。如果了解这些迟钝的男孩子内心的话，就会发现他们其实是细腻的，很容易生气，只是打死也不会承认这一点罢了。

男孩是率真和固执的代名词

民基对班主任不满

民基： 妈妈，我们的班主任好像只喜欢女同学，真是太不公平了。

妈妈： 是吗？为什么你会说老师只喜欢女孩子呢？

民基： 我们都知道。因为无论发生什么事，老师都会无条件地站在女生那边。

妈妈： 这是什么时候发生的事？

民基： 休息时间，我们相互玩耍打闹不小心把书桌碰倒了，正巧老师进来看到了，他对我说："呀！李民基，你为什么要对柔弱的美丽搞恶作剧呢？快点把书桌扶正了。"事实上，这件事不是我引起的，而是美丽总叫我的外号，才把我激怒了。我让美丽向我道歉，但甭说道歉了，她更加变本加厉地取笑我。所以我才追赶她，不小心碰倒了书桌。但是，老师根本就不听我解释整个事件的过程，让我无条件地向美丽道歉。男生们都说不是我的错。但是，老师却说："男孩子们，你们都给我们住口，你们这群小子，都给我安静点……开始上课。"女孩子们还朝我伸了伸舌头扮鬼脸，真是气死我了。

妈妈：真是这样？那我儿子真的是受委屈了。但是，这肯定也是因为男孩子平时总惹祸的原因，老师肯定是这样想的。

民基：妈妈也是一样的，所有女的都是一样的。妈妈，女孩子在班主任面前总是装着表现得特别好，其实她们是多么的可怕、无礼。你要是看到她们的真实面目一定会被吓一跳的。还有，比起男孩子们，女孩子更善于骂人。

民基向妈妈倾诉完这样那样的不满后，妈妈既觉得儿子可怜，同时也为儿子感到担心。

女孩子为什么在老师面前装作表现很好？这是因为她们能够很快地判断情况。男孩子为什么得不到班主任老师的肯定呢？首先，是因为男孩子不能够很快地判断情况，并做出调整。其次，每当那种时候，女孩子总是能够使用恰当的言语和行动，而男孩子相比较起来就没那么有心眼儿、比较固执。如果说这是男子汉真面目的话，那么男孩的思考方式就是一根筋。

特别对于年龄较大一些的小学生来讲，这方面女孩表现尤为突出。所以在某些时候我们会认为男孩子不懂事、幼稚。这都是男孩子不考虑情况造成的。在男孩子眼里，女孩子所表现出的样子是自私的、粗鲁的。

如果站在授课老师的立场来看：比起不懂事、淘气又不能随情况及时调整的男孩子，懂得看眼色且理解力强的女孩子在各个方面当然更能让老师满意。还有，老师一般都认为训斥女孩子的话，女孩子很可能会发火的，所以做老师的也很小心。反之，男孩子则很迟钝更容易让老师生气。可是事实上男孩子都喜欢被称赞，虽然也会感到不好意思。用劝说的话、哄骗的话，很容易矫正男孩子的行为，因为他们就像锦鲤，环境对他们的影响非常大。

男孩子看完木偶剧会认为："虽然是木偶在表演，但都是由人来操作的，所以还是应该称为人剧。"那是因为男孩子只看到事物的表面。但他们的意图并不是妨碍老师讲课，只是把他们看到的和感觉到的讲出来罢了。了解这些会对了解他们的心理状态有很大的帮助。孩子们看到老师表现的双重态度（事实上并不是双重态度，只是老师针对当时的状况所做的反应罢了），觉得他那样做很没有男子汉气概，甚至觉得他卑鄙，但实际上这便是男孩的自画像。

男孩看到什么就会直接回应，他们只会承认自己耳朵听到的、眼睛看到的，所以我们呈现在孩子面前的一切都应该是没有矛盾的。率性和固执就是男孩子的代名词。

从某一方面来讲，其实男孩子相对来讲更容易养育。

如果你对他说我爱你，他就会感觉你是真的爱他；如果你称赞他做得很好，他就会接受，而且感觉很不好意思。他们丝毫不怀疑父母的话，父母说什么，他们都会全盘接受；同时他们会把老师的话全都听进耳朵里。

年幼的孩子就像海绵一样，所有的一切——他们看到的、感受到的，都会原原本本地吸收，男孩子更是如此。因此对待男孩子，要给他们更细致、更直接的教育才行。

Tip

★孩子会看着父母的所作所为慢慢长大

1. 如果希望儿子喜欢读书的话，那么父母首先要读书。

2. 如果希望儿子喜欢嬉戏玩耍的话，父母也要积极地进行运动。

3. 如果希望孩子爱学习的话，父母也要坐在书桌前学习。

4. 如果希望儿子少看一点儿电视的话，那么父母首先要学会自制。

5. 如果父母不许孩子玩电脑游戏的话，那么父母也一定要远离电脑。

万一要发邮件，或者有其他事项必须使用电脑时，请在孩子入睡后再使用。

6. 如果想让孩子养成规律的生活习惯，爸爸要每天早点回家。

在爸爸回家很晚的家庭中，孩子午夜12点才睡的情况也是存在的。孩子很晚才睡，当然也就造成了早晨不想起床，进而导致不想去幼儿园或者学校。

7. 想要让孩子拥有完整的人格、走正确的人生道路，父母首先要拥有良好的人格品质。

05

男孩在犯错中成长

在某个小学的实验室，三年级的孩子们正在上实验课，但是有一个男孩却连烧杯都不敢碰。老师感到很惊讶。班里其他孩子说；

“老师，听说闵奎不能碰玻璃制品，他一碰就会发抖。”

“不是的。听说他只要一碰，玻璃就会自动碎掉的。他是那种晦气的家伙。”

现在，一年级的学生也会用到烧杯这样的实验器具，但怎么也没有想到一个三年级的男孩子会惧怕一个玻璃杯。

老师把闵奎叫过来悄悄地问道：

“闵奎呀，你真的很害怕烧杯吗？其他同学说的是事实吗？”

闵奎是这样回答的：

“我奶奶总是这样说我，只要我碰什么都会坏掉。碰到玻璃，玻璃会碎掉；碰到钟表，钟表会出故障。所以我……”

让孩子在错误中学习

“不要乱蹦乱跳！”

大多数的女孩子看到这样的告示牌，涌入脑海的第一个词语都会是“危险”，都会本能地想到保护自己。但是男孩子会很疑惑地想，为什么不让跳呢？然后会在周围溜达来溜达去，接着会想“这不也没什么事吗？”“写这种东西干吗？”继而显露出一种特别不以为然的表情。这都是因为好奇心在作祟。

“还是挺有趣的，要么再来一次？”

男孩最终还是用行动实践了：蹦跳、闯进去或者触碰。无论什么都一定会尝试一下，这就是男孩子。在他这样做过之后，只有真的发生危险了，才会意识到危险原来真的存在。即便这样，下次再遇到类似的情况，即使受伤的经历仍旧历历在目，也不能保证他这一次就一定会小心翼翼。他很快就会忘记上次的教训，然后在好奇心的驱使下再一次把自己作为实验对象。

想想看，大多数的战争史不都是被男人书写的吗？战争就是这样，要么生、要么死，要么得到、要么失去。爱冒险的孩子就像历史上拼命厮杀的男人的后裔一样。千万不要小看这些年纪尚小的男孩子，他们的攻击性是与生俱来的。

攻击性有各种各样的表现，首先是一看到各种机械就会抢过来，然后毫不犹豫地把它拆掉。男孩一旦兴奋起来会把钟表从内部打开，探索内部零件，直到大汗淋漓，仍然不放手。

但是在孩子的攻击性和拆解东西中，也体现着他的创造性。因为他们本来的目的也不是为了破坏，而是为了“创造”。这两件事情对于男孩来讲都是创造力的体现。男孩的攻击性和破坏性是非常有价值的。

对于危险的事情，要仔细地讲给他听

不要仅仅因为男孩的攻击性和破坏性与创造性有关联，就放任男孩这样做，否则男孩有可能在成长的路上遍体鳞伤。对于攻击性强的男孩来讲真的很危险，所以也应该正确地、仔细地对他进行说服教育。但就算是这样，他们还是会一次次地让自己处于危险的境地。所以父母一定要斩钉截铁地警告他们说：“不行！危险。”对于婴幼儿来讲，没有什么危险的事是他们不敢做的。安全始终要放在第一位。

但是，万一孩子真的打破了什么，也不要对孩子说：“你怎么碰什么，什么就会出故障？”这样说的话会把孩子的手变成——摸什么什么坏的“拥有破坏力量的手”。遇到这种事，把坏掉的东西扔掉，然后简短地给孩子讲清楚就行了。如果让孩子自责地以为自己无论碰什么什么都会坏掉，那么更严重的后果是，他会认为自己是那种什么都做不好的人。坏掉的充其量只是物品而已，但负面的批评却可以让孩子陷入到对自己的负面评价中。本来父母应该给孩子种下无限可能的种子，却不成想给孩子灌输了不能做这不能做那的恶狠狠的话：“为什么要摸？”“为什么要碰它，你看看把它弄得不能用了！”“为什么不能老老实实待在那里。”

虽然会有因为男孩的触碰使得一些东西不能用的情况，但是对于男孩来说你让他老老实实地待在那里什么都不做是不可能的，因为这不符合孩子的天性。所以说，在去公共场所和博物馆的时候，一定要预先把注意事项告诉儿子，做好约定后再进去。

男孩子的手没有闲着的时候，总想摸摸这里、动动那里。

但是如果孩子无论看到什么都不感兴趣，就连制造任何东西的兴趣都没有，那将是一件非常可怕的事情。

触碰一下或许存在一定的危险，但只要不是绝对不可以碰，让他尽情探索一下又有何妨。因为这会开发孩子的创造力。

要想方设法让孩子拥有“无论我触碰什么东西，他都会变成黄金”的那种自尊心和自信。如果男孩兴致勃勃地向你展示，或者向你炫耀他搭建好的积木，父母请给予他大声的赞赏和夸张的反应。

“儿子，这真的是你做的？哎哟，我们儿子真是天生的建筑家啊！”

“儿子，你是怎么办到的，这个作品简直太棒了！”

“瞧瞧，任何东西经我们儿子的手一弄，就会马上变得不一样了。难道我们儿子拥有一双能够点石成金的手？就像那个有名的麦达斯（Midas）的手一样？快让我摸摸儿子的手。”

只要夫妻两个相互配合表现出很高兴的样子就行，在这样的家庭中长大的孩子当然会自信满满。在培养孩子自尊心的同时，还应该培养孩子愿意做事，以及能做好事的能力和欲望。这样就算孩子不接受其他培养创造性的教育，也能够自然而然地做一些和创造相关的事情。你是想让自己的孩子成为连烧杯都不敢触碰的、畏首畏尾的孩子呢，还是想让他成为即使失败也勇于再次尝试的积极乐观的孩子呢？这一切都取决于父母的教养方法，不同的教养方法将造就不同的孩子。

男孩子总是要经历过无数次的失误、犯错，才会真正地成长起来。如果每次孩子犯错误后，都不能及时吸取教训，总是遭受父母的责骂，孩子只会感到挫败感。孩子小的失误绝对不能等同于失败。但是如果连父母也觉得这是失败的话，那么孩子自己自然而然就会认为自己是个“破坏者”。长此以往，孩子在任何情况下都会变得犹豫不决，面对问题也只会采取回避的态度。如果父母认为小的失误只是孩子在成长路上的一次次“探索”，孩子是个小冒险家，那么孩子就会成为强有力的创造者。

要把男孩的失误和失败区分开

类似以下的情景我们可能都见过不少：

男孩眼睛看着别处，同时又用手接妈妈递过来的杯子。结果杯子掉在地上摔碎了，果汁洒了一地。男孩的这个小失误不可避免地受到了妈妈的一顿训斥和责备。男孩暗自下定决心下次一定要小心，分明是妈妈端来果汁的时候，自己的注意力全部都放在电脑上，所以才把杯子打碎了。注意力不集中的话，是容易犯错的，男孩在心里告诉自己。

两天后，男孩又一次把杯子打碎了。这次是因为奶奶说要吃药，需要一杯水。男孩快速跑进厨房，杯子在托盘里左右摇晃，然后走到半路上水就洒了，杯子又被摔碎了。如果只是用手抓住杯子端过来就行，但是孩子却像妈妈那样用托盘把杯子端了过来，由于不能很好地掌握平衡，所以水洒了，杯子再次打碎了。男孩正想着这下子可大事不好了，这时妈妈恰巧从房间里出来看到了这一幕。

“你，李正硕，你怎么又把杯子打碎了？”

说这话的同时，妈妈猛地一下子把儿子推到了一边，自己在那里整理玻璃杯碎片。

“还让不让人活了，真是的。你赶紧到那边待着去，为什么这么不小心，又把杯子打碎了！我和你说没说过要小心点。到一边去，被玻璃割伤怎么办。到底还要妈妈再和你讲几遍才行。你以后再把杯子打碎一次试试，记住了没？”

刚上二年级的男孩被妈妈猛地一推摔倒在地上，哭了起来。

妈妈更生气了：“你是做对了吗？还有脸哭，赶紧别哭了。让你做的你不做，不让你做的你偏挑着做。”

妈妈因为太生气了在收拾玻璃碎片的过程中，手不小心被玻璃割伤了。男孩看到了赶紧不哭了，急忙把纸巾递给妈妈，没成想这次袜子被洒在地上的果汁给弄湿了。妈妈说话声调提得更高了。

“到那边去，你！”

照此下去，母亲和儿子之间的关系，就像洒满一地的果汁和七零八碎的玻璃碎片一样，也会变得很危险。

尽管上面的事例在我们谈论失误这个话题的时候经常被提到，但是当我们真正面临这种情况的时候，还是很难保持理性。于是，我们看不到事情的全貌，只能看到儿子的“失误”，以至于责骂儿子，让他备受挫折。严厉地对儿子的错误进行指责，不仅会使儿子感受到负罪感，甚至还会让孩子觉得很丢人，这对孩子的人格形成有很大的负面影响。虽然必要的指责是应该的，但是不应该用诸如“你就是这样了”等话对孩子进行全盘否定。仅仅针对孩子的错误行动进行教育即可。

母亲由于怕儿子被打碎的玻璃杯碎片割伤，让他赶紧到一边避开，自己一个人在那里收拾。母亲所做的一切都是出自对孩子的担心和爱护，但是最终传达给儿子的只有愤怒和指责。妈妈想把爱心之箭射向儿子，却不想用愤怒射中了儿子这个靶子。

就像射箭的时候要考虑瞄准的距离、风的方向，才会拉动弓弦一样，我们对孩子传达爱意也要调整好其中的距离和方向。就像随意拉动弓弦无法射中目标一样，如果你没有把“爱的弓箭”瞄准孩子就发射，也就不能把爱传达给孩子。应该集中精神，应该计算好距离，考虑好风向，然后再集中精力拉动弓弦，这样才能达到预期的效果。失去理性之后对孩子进行责骂是很“危险”的。

仔细观察孩子的失误，然后把它当成靶子，再以弓箭手的心态瞄准靶子。

“你到底是怎么搞的？”

如果以这样的话作为开头的话，那么箭一定会射偏。父母不分青红皂白连靶子在哪里都不清楚就随意地拉紧弓弦，这是非常不明智的。

接下来就是要搞清楚孩子之所以会犯这种错误，是什么原因造成的。首先要了解一下孩子是明知故犯，还是单纯的失误。在这个阶段，就好像是要掌握好父母和靶子之间的距离一样，因为这也决定着到底要使用多大的力气来拉动弓弦才能射中靶子。如果使用的力量不够，以至于使弓箭在中途掉了下来，这也达不到目标。

父母应该根据孩子犯错时的具体情况，进行理性的判断。

如果只是孩子单纯性的失误，就应该拥抱孩子，安抚他那颗惶恐的心。如果父母还没有搞清楚情况，就胡乱地给孩子“定罪”，对孩子进行无端的指责，不仅会白费力气，还会使孩子的自尊心受到伤害。父母的人性弱点，不仅可能让孩子误解自己，还可能让孩子丢了自尊心，导致父母与孩子之间只剩下怀疑心。

即使孩子屡次出现同类失误，父母还是有必要先确认。在父母看来，“上次就是这样，这次还是如此”，但站在孩子的立场上，那只不过又是一次失误罢了。做得好的事情可能第二次也能做好，失误过一次的事情往往还会失误第二回。

从厨房中传出“啪嚓”一声，儿子和爸爸进行了一段对话。

“爸爸，看来妈妈把碟子打碎了。”

“是吗？你怎么知道就一定是妈妈打碎的呢？”

“因为我没听见她教训别人。”儿子这样回答道。

这是摘自漫画《傻瓜》中的一个小场景。从这个小小的场景中，可以看到儿子眼中的父母到底是什么样的。大概暗示着父母就是矛盾的结合体吧。难道不是这样吗？如果揣摩孩子内心的话，你就会分析出有这种意思包含在其中：“自己（父母）犯错误就是理所当然的，我们犯错误就是绝对不能被原谅的，大人们真是可笑。”

换个角度看问题，我们对待大人应该更加严格，而对待孩子却要宽容些。

大人无论从身体和心理来说，都已经十分成熟了。他们历经了无数次的失误、备受了内疚和烦恼的煎熬、忍受过难以忍受的唠叨，最终才成为成年人。按理说，大人的失误才不应该被轻易原谅，但父母仍旧常常失误，而且失误后还轻而易举地原谅了自己。他们一方面轻易地原谅了自己，另一方面却套用严格的“成年人的标尺”去衡量孩子，更可怕的是还用“父母的标尺”。父母的“标尺”是世界上最严格、最可怕的“完美的成年人的标尺”。那是因为他们内心充满了那种“因为爱他，更要好好教导他”的欲望。如果是邻居家的孩子犯错的话，可以一笑而过，但对于自己家的孩子那是绝对不行的。

男孩是一路上伴着失误成长起来的。更准确地说，所有的孩子都是在不停失误的过程中长大的。而这些失误不能只简单地被看作“犯错”，而应该被视作宝贵的经验。孩子的失误意味着他们在尝试着做一些什么，如果你不想拥有一个对任何事情都提不起兴趣的孩子，那么对于孩子犯错这件事，就应该持欢迎的态度。

男孩因为逆着爬滑梯，与其他孩子发生了碰撞，摔倒受伤了。但即使这样，下一次他一高兴，还是会做出相同的举动。男孩想做什么事情的心情和行动，全部源于他内心的欲望。所以男孩们经常会犯错误、惹出一些事端来。即便清楚地和他说过、警告过，甚至于相互约定过，但最终他还是会触碰他想碰的，导致把东西弄坏；还是会逆着滑梯爬上去，结果受伤。

因此，我们会经常说这样的话："你能不能稍微安静会！"面对孩子总是重复犯错的情况，无论哪个父母都很难宽容处理，于是便会朝着孩子大喊大叫，等到发完火冷静下来之后又非常后悔。请尽量不要做这样的事情。从现在开始，在面对孩子犯错的时候，最好先平静一下呼吸，仔细观察一下状况，然后听一听孩子是怎么说的，然后再说出父母想说的话。如果大人完全不考虑孩子的感受，只顾着说自己想说的、做自己想做的，很容易由于父母的偏见对孩子使用暴力，这也会显示出父母人格存在问题。所谓人格，只有在危机的瞬间才最容易暴露。

根据孩子犯错误的具体情况，来选择该训诫孩子还是宽容地对待孩子。这样的父母往往能够把自己的孩子养成堂堂正正的男子汉。不要把儿子的"探险"看作胡闹。不要做那种只要孩子一犯错就批评孩子的父母。只有和儿子相处愉快一些，多给予儿子一些激励，他的创造性才会成长。

批评和训诫本身不是为了指出错误，而是为了给孩子在人生成长道路上多增加一些帮助。所以不要让孩子的“失误”转化为“失败”，而是要把他的“失误”转化为对其一生都有帮助的经验。

男孩成长的道路注定充满冒险和探索，为此下面专门列举了几种处理方法。

TIP

★能够接受失败的人往往离成功又近了一步

爱迪生是一个喜欢不断尝试的人，被认为是“异想天开的孩子”。如果他的妈妈拥有这样的想法——“为什么我的孩子不学习，整天搞这些呢？”那么发明家爱迪生可能就不会存在了。请承认吧，犯错误也是孩子成长过程中的一部分。

1. 如果你的孩子性格内向的话，那么父母的反应更要慎重

“为什么偏做一些别人没吩咐过的事，惹出这么多的麻烦来！”“为什么每次你一碰什么，什么东西就会坏掉！”总说类似的话，孩子听了之后会对玻璃杯或者容易碎的东西产生恐惧感，更容易失误。因为怕犯错误，而认为待着什么都不动会更好。如此一来可能会变得很消极。这样会影响孩子挑战精神和冒险精神的发育。

2. 如果孩子犯错误的话，针对孩子行为应该立刻做的事

孩子做错了事情，不应该进行责骂，而是应该让他负责任。让他把扔得到处都是的玩具集中到一起；让他把打碎的玻璃碎片收拾好；如果他打了别人，就要让他向别人道歉。

3. 稳住激动的情绪，用严厉的口吻客观地对待孩子的错误

一旦发起火来朝儿子大喊大叫的话，他可能比起内容（错误）来，只能记得住形式（父母严厉的样子）。这样会让孩子感觉很委屈，甭说达到训诫的目的了，更有可能引起孩子的反感。

4. 虽然男孩拥有一颗爱冒险的心，偶尔犯个小错误也应该宽容对待。但是，如果他做了危及安全的事，妨害别人或者给别人带来麻烦的事，是绝对不能宽容的。

06

和儿子一次只说一件事

7岁的子悠和闵奎正在玩角色扮演游戏。

"儿子，你应该把饭全都吃光，不许剩饭。这个菠菜妈妈做得很好吃，你也吃一点，土豆也要吃一点，都要仔细地嚼啊。记住了吗？"

"嗯，记住了。妈妈，菠菜、土豆还有什么来着？"

"啊？你说什么？"

"妈妈刚才还说了什么来着？"

"没有了。我就只说了要吃菠菜和土豆呀。"

"不是的，你刚才分明还说了别的什么。"

闵奎和子悠表演了和蔼的妈妈和儿子正在吃饭的场景，可是演着演着突然离开了角色又回到了现实中，开始了争执。子悠和闵奎有了下面的对话：

"我只说了让你吃菠菜和土豆。"

"不是的，还有别的！"

"是的。"

"你这个撒谎精！"

"我没有说谎，宋子悠，妈妈都是这样的。"

你是说妈妈的话本来就很多是吗

一边看着这个情景，一边进行记录的老师很好奇闵奎所说的“妈妈都是这样的”中到底包含着怎样的意思，但是没有打断他们，等着看接下来还会发生什么。

子悠向闵奎问道：

“那你的意思是说妈妈说谎了？”

“不是的，我不是说妈妈说谎，而是说妈妈的话实在是太多了。”

现在，男孩子们所玩的游戏范围比以前扩大了很多倍。20世纪80年代出生的男孩子们，一般对过家家之类的游戏没有什么兴趣，特别喜欢加入到“打仗”当中去，例如刀剑之战、枪战、用石头搭建城墙等。这都是我们熟知的、典型的男孩子们玩的游戏。

如今两性角色互换的游戏开展得很火，例如：男孩子挎着背包，穿着女士皮鞋或者高跟鞋；一手打着电话，一手推着婴儿车……孩子们开心地玩着过家家的游戏。通过这些游戏，也可以有更多的机会观察到男孩子们的说话方式和情绪状态。尤其是从这些孩子身上可以看到他们父母说话的方式方法。通过子悠和闵奎角色扮演的游戏，我们可以得到一些重要的信息——妈妈和儿子之间的沟通方式到底是怎样的。

妈妈说的话是不是有点太多了？就如闵奎在角色扮演中表演的那样，妈妈总是一口气说很长的一段话。如果现实真是这样的话，那么妈妈为什么要说这么长的一段话？这些话又不能全部被孩子所接受。妈妈不是也很明确地知道，话说得越长，孩子越记不住吗？

反复唠叨就会变成可笑而轻率的妈妈

“男孩子到底能不能听明白话？”

“男孩子在听妈妈说话的时候总是在想别的。”

妈妈总是这样想。所以，到底是总在重复说相同的话的妈妈的错，还是每次都不听妈妈请求、命令、注意事项的儿子的错，我们有必要好好来看一下。

教育孩子、训诫孩子都是有各种目的的。虽然每次情况都不一样，但最终目标都是一样的，那就是父母希望孩子变得更好。可不懂得妈妈心意的儿子却总是惹得妈妈火冒三丈，这其中肯定是有问题的。一方认为自己在向对方表达爱意，另一方却认为对方在不停地唠叨。

首先，我们来研究一下“男孩子不是很听话”这句话所蕴含的意思。对于不听话的儿子来讲，应该怎么办？其实最简单的办法就是“既然你不听，那么我就不说”。但事实上，很多妈妈会这样说：

“我必须说话。”

但是这确实是些多余的、不必要的话。长期这样做的话，会使自己的话像摔碎在地上的杯子一样变得不值钱。妈妈要尝试不要总说重复的话，让孩子沉浸在愧疚感和消极的精神状态中。这时他们才可能会想：“妈妈把话说得这么重，看来内心真的十分受伤。”如果你对孩子的这种反应视而不见的话，那么你就真的有可能变成“可笑而草率的妈妈”，这也说明在某些方面你已经落伍了。

造成这种局面的原因在于，你没有站在孩子的立场去考虑问题，而只是一味地站在自己的角度说自己想说的话。孩子真的可谓是听着妈妈上千次的唠叨成长起来的。但那些反复的话其实在孩子心里已经失去了它原有的作用。

妈妈的话越简洁越好

经过几年的观察，我发现，妈妈每次唠叨的时间越长，儿子就越不听话。没必要的唠叨让妈妈和儿子都感到精疲力竭。为了减少无效的消耗并让有限的精力发挥它最大的作用，妈妈应该分两个阶段来进行。

第一个阶段，要尽量把话说得简洁一点。男孩子的大脑在受到刺激的情况下，总是能够很快做出反应，比如好奇心之类的。但是妈妈反复重复的话甭说引起儿子的好奇心了，反而在儿子看来那可能是世界上最长、最无聊的话。

据说对于男人们来说，无论听到任何问题，都想把这个问题给解决了。但如果别人说的问题他解决不了的话，这个时候他就会启动自我保护模式。比如：丈夫和妻子拌嘴（在妻子看来不是吵架，而是在谈话）的时候，如果遇到丈夫解决不了的问题，他就会回避。这种做法其实是让步或者说避免发生战争的明智之举，但在妻子看来却是胆怯的举动，这么一来妻子就更怒了。妻子从头到尾都想通过对话来解决问题，但丈夫想着先避开这个问题，等脱离吵架的状态，再去考虑解决问题。但这只是男人们美好的愿望罢了。对于女人来讲，只要她还没有把她想说的话说完，事情就还永远没有结束。

也正是因为如此，从男人的角度看，就觉得女人的话特别多。但在女人看来，又觉得男人们不听话。

男孩有时候不能很好地理解妈妈说的那很长的一段话，在只有妈妈能说，而爸爸天生就不愿意说很长的话的家庭中这种情况更为突出。对于处在青春期的孩子来讲，即使妈妈话说得再简洁，在孩子看来都是唠叨。但这时候如果爸爸和孩子说话还是很有效果的。

除了简洁还要注意少说。“吃饭了吗？”“刷完牙了吗？”“明天上学要用的东西都准备好了吗？”“作业做完了吗？”“需要准备的都准备好了吗？”……这不是使话语变得简洁，而是变成了短句的集合。男孩子更讨厌这种啰里啰唆的短句罗列。这也就是我们常说的唠叨。

第二个阶段，要尽量在一种情况下只说一件事。和孩子成长相关的、必须要说的事情很多，但要一件一件地说。

“我就知道会是这样，之前不是也说过了。既然知道为什么还是……”类似这样的不必要的修饰语请去掉。如果在进入正题之前，就让孩子处于伤心状态，那么接下来要说的话，孩子也是听不进去的。如果只说一次，不用再讲第二遍孩子就照做的话，那当然是再好不过了。但是，这样的孩子真的存在吗？男孩就像上天为了锻炼妈妈而赐予的礼物。

对孩子说过的话，一定要确认一遍他实施的情况

父母对孩子最应该做的事情，莫过于引导他养成健全的人格，不要轻易这样断定："他已经做到这种程度了，看来应该是都明白了。"

凡事一定亲自确认一遍。但是有些家长因为怕自己过度干涉孩子，所以放任孩子自由发展，这种情况往往是因为人们误解了"放养式教育"的真正含义。

对于学习来讲有"温故而知新"之说；为了检验知识的掌握情况也有"考试制度"，所以要灵活使用各种方法来确认孩子对父母的嘱托的实施情况。

"要去确认孩子是不是真的做了，是不是有点过分。"父母一旦有了这样的想法，就会认为不应该这样对孩子，但其实这种担心根本没必要。前面也提过，一心为孩子着想的妈妈只要话里话外透露出这样的意思——"儿子，你做得不错"，就能够建立起母子之间的信任，就能够让孩子感觉到妈妈做的所有事，都是希望他能够拥有完美人格，妈妈说的所有话都是基于对他的关心。

刷牙是孩子应该去做的事情，如果他没做，就要求他必须去做。"把房间整理了。"妈妈说这话的根本目的不是为了惹儿子讨厌。对于什么都做得很好的孩子来说，妈妈是不会指示孩子做这做那的。这么一

来，妈妈分明在孩子面前扮演了勇敢的反派角色。妈妈对儿子所说的每一句忠告、点拨，都是出于对儿子的爱，这些话就好像指南针一样，为儿子的人生指引了方向。倘若没有这些忠告、点拨，我们的儿子又该去哪里寻找只需通过听人讲话便可以得到学习、锻炼的机会呢?

母亲有尽全力养育儿子的义务，对于儿子应该学会做的事情，一定要正确地教导他去做，并且要去确认他是否真正学会做了。只有这样做，以后才不会反复唠叨。

“妈妈，我已经刷完牙出来了。”

“妈妈，我的作业已经都写完了，您看一下。”

对于年幼的孩子来说，等他把该做的事情做完后，父母非常有必要再确认一遍。孩子直到上小学一二年级前，还不完全具备自己做选择和做决定的能力。就算是为了使他养成正确的、基本的生活习惯；为了端正他的学习态度，也要不厌其烦地教导他，就算烦琐，也有必要再确认一下吩咐他的事情他是不是照着做了。

所以一定要让孩子养成这样的认知:

“父母交代的事情一定要做。”

想要达到这种效果，父母也有几件事情一定要想清楚。

“这件事是否是我的儿子必须做的。”

“在这种情况下，我说这样的话是否妥当。”

“这样说能不能把意思很好地传达给儿子。”

“孩子能不能很好地落实这件事情。”

表演节目的时候，我们会精心准备；发表演讲的时候，我们也会不厌其烦地排练很多遍。无论做任何事，只要想做成，都要经历一个反复的过程，何况是养育儿子这种事情。如果想把育儿这项事业做成功的话，父母所想所做一定要周全。要打造一个什么样的局面，为什么需要打造这个局面，在这个局面上应该说些什么样的话，要反复地准备后再对儿子说，省去不必要的话、避免来回唠叨。

我们不能把原本很优秀的孩子养成平生依偎在父母膝下，向父母要零用钱的“啃老族”。把孩子养大一点，就要让他渐渐地离开父母的怀抱，做一个堂堂正正的男子汉，独立经营自己的生活。这样孩子才能成长为把家庭这个“小公司”打理成为超一流“大企业”的“CEO”。如果你不想让儿子成为NEET族（NEET是Not in Education, Employment or Training这句话的缩写，指的是既没有在学校上学，也没有正式工作，更没有去接受职业技能培训的年轻人），也不想让他变成“家里蹲”（不能适应社会生活，终日闷在家里的那种人）的话，那么对孩子说的每一句话，都请三思之后并带着真诚的态度去说。

现在，妈妈的话是不是能够畅通无阻地传达给儿子了呢？

TIP

★ 凭借父母的语言技术打造一个“听话”的儿子

父母亲所说的话（指示、命令、确认等），孩子应该迅速领悟并付诸实践。

1. 给孩子讲解注意事项，或者确认自己吩咐的事情孩子是否照做的时候，不要说下面这些话。

“我之前也说过吧？又让我再重复一遍。”“我说一遍，你装作听懂了不就行了。”“为什么总是一遍记不住非得让人说两遍？到底要我说多少次？”

2. 要根据孩子的能力，下达他能够听懂、执行的指示或者命令。

·对于年幼的男孩来讲，他们是不能长时间集中精力的。一次让他们读完三本书，他们是很难办到的。

·对孩子来讲，做一章练习题都很不容易，你让他做完三章的练习题才给予奖励，这样做是不可以的。

·对于想到外面玩耍的孩子，你却强迫他在屋里活动，这是没有用的。对于孩子的一些正常欲望和要求，你却让他忍耐和等待，这也是不可以的。特别是对于幼儿时期的孩子来讲，你只有解决了他“现在”的需求，才能要求他进行“接下来”的活动。

3. 说话要尽可能简洁、果断、有力（不是指大声）。

4. 告诉孩子必须做某件事之后，一定要确认他是否真的做了。

第二章　出色男子汉的培养计划

激发孩子的共鸣和感性

01

培养男孩出色的情感表达能力

如果一个上小学三年级的男孩子流着眼泪对妈妈说："要是我死后能够重生的话，我还要当妈妈的儿子。"听到这句话妈妈会作何反应？

某个讲演现场，主持人给现场的父母提出了这样一个问题。两位妈妈分别这样答道。

A妈妈：（觉得很吃惊）怎么了，孩子？为什么突然说起"死"了呢？吓了妈妈一跳。以后不要再说这种话了。

B妈妈：（拥抱孩子）妈妈下辈子重生的话还愿意做你的妈妈。

A妈妈因为时常听到学校里有一些孩子因为打架被其他孩子孤立最终选择自杀的事，心里本来就放心不下自己的儿子，所以一听到儿子说到死，其他话根本就听不进去，才会做出这种反应。

B妈妈听到孩子这样说也感到很好奇。

"听到孩子说这句话，我很感激他，心里充满了喜悦之情。但因为没能带给他更多的东西，自己感到很歉疚。"

事情还没有结束，还有后续。

"但是，男孩子这样表达自己的感情是不是有些问题呀？"

很多人对上面的话也持赞同的态度。

"我也是，比起女儿哭，一看到儿子哭就更容易发火。"

儿子伤心的时候、感动的时候、生病的时候，到底应该是什么样子呢?

幼儿园购买了许多饭盒，准备作为入园礼物送给新入学的小朋友。孩子们可以随意挑选一个自己喜欢的。5岁的小男孩一下子就抓起了一个粉红色的饭盒，妈妈赶紧从儿子手里抢了过来，放了回去。

“怎么回事呀，这孩子怎么选了个粉红色的！快放下，那个蓝色的不是更好看吗？”

孩子吃惊地看着妈妈，又看了看站在面前的老师。老师对他微笑了一下，孩子感觉受到了鼓励，又重新拿起了那个粉红色的饭盒。

“哎哟，都说了不要选这个。”

妈妈再次从孩子手里把粉红色的饭盒抢了过来，把蓝色的饭盒塞到孩子手里。孩子要哭，妈妈看到这种情况，说道：

“不要哭，一个男孩哭什么哭呀，有什么不满说出来。”

孩子一听，开始抽泣起来。

“发什么脾气呀，赶紧别哭了。妈妈不是和你说过吗，男生要怎么样呢？”

孩子嘟着嘴说道：

“要忍住，不能轻易哭。”

“那你为什么还要哭闹、发脾气呢？明明都知道。”

最近经常听到妈妈们经常会说这种话，一点也不觉得奇怪。

“一个男孩子，哭什么哭呀？”

那么男孩子伤心的时候应该怎么做？生病的时候、感动得热泪盈眶的时候，到底应该是什么样子？对于年幼的孩子来讲，如果伤心的时候、生病的时候、感动的时候都得忍住不哭的话，那么到底应该怎么表达？真的把男孩子们搞糊涂了。

“有什么不满，说！”

这句话本身没有错。说话就可以解决问题，何必非得流眼泪呢……妈妈的心情可以理解。但是，怎么办呢，男孩子生来“语言表达能力”就欠佳。可以用语言表达全部情感的女孩子可以哭。喊着男女平等的口号的同时，却又希望把儿子养得像一个真正的男子汉，这恐怕就是妈妈们内心的真实写照吧。

“像……一样”，恰当地运用这个句型，可以起到积极的作用；但如果使用不当反而会起到负面的作用。就像前面也说过“像……一样”来养育孩子，也是值得鼓励的好的方法。天就要像天的样子、夏天就要像夏天的样子、男人就应该像个男人的样子，但这绝对不是羁绊，而是要承认事物的本性。

在这个时代反而应该鼓励男孩开发自己的情感，然后通过各种途径表达出来。因为只有他这样做，你才能感知到他的开心、伤感、吃惊、愤怒、赞叹等情感，从而更有针对性地关怀他。

万一男孩真的在不应该哭的情况下哭了，这时候不要对他说“一个男孩子，哭什么哭啊”，而要说“不许哭”，效果可能会更好。能够用话语来表达的事，反而诉诸于哭，无论是对于男孩还是女孩都是不好的。女孩子哭哭啼啼对妈妈哭闹，妈妈会很不开心。但是不会说“一个女孩子，哭什么哭呀”之类的话，反而会直接说“不许哭”。同样，也不应该对男孩子说“你一个男孩子……”之类的话。

对于年幼的男孩子来讲，他也只是个“孩子”罢了。虽然说男孩和女孩在特征上还是有所不同，但是基本上来说都只是孩子。我们不是常这样说：哪里有什么男人女人，说到底不都是人吗。站在这个角度来想这个问题，不就能够想明白了吗。

父母不应该按照性别来区别对待孩子，就像孩子会找到真正的自我一样。孩子的性别意识会慢慢地苏醒，而不需要由父母告诉他们。

“老师说在玩过家家的游戏中，男孩子会拎着手提包，穿着女式皮鞋。”

某个男孩子的妈妈在聊天时，流露出这样的担心。自由活动时间里，孩子真的会拎着挎包，穿着女式皮鞋到处跑吗？其实其他5岁的孩子也会这样做的。

令人惊讶的是，男孩子们在经过短短几个月的幼儿园生活后，他们就会把注意力转移到搭建积木和组装拼图上。偶尔看到有其他男孩子在过家家中拎着挎包，男孩们就会说，“喂，那是女生才玩的”，然后把朋友拉进自己正在玩的游戏里。你看事情就是这样，就算没有人说什么，男孩也会自然而然地不再对女式挎包和皮鞋感兴趣，而是把视线转移到积木、拼图、恐龙、小汽车等玩具上来。而这个时期的女生常常还沉浸在玩过家家游戏的乐趣中。游戏中也可以显露出他们与生俱来的性别意识。所以五六岁孩子的父母不一定非要按照性别来区分孩子该玩什么玩具，选什么样的颜色。

也正因为这样，没有必要逼迫孩子经历“两性玩具”的选择过程。

“不要有教导男孩子选择蓝色系列东西的想法。我们不是常说这是个感性的时代吗？”

话是这么说，但是我们经常可以看到男孩子们一面对蓝颜色、小汽车、拼图游戏感兴趣，一面也抓住人形娃娃等玩具不放的场景。过家家游戏其实也没什么不好的，请不要强迫孩子过早经历两性差别。就像水只有自由流淌，最终才能汇聚成为宽阔的大海一样。让男孩子们顺其自然地长大，他们才能成为健康的成年男性。请允许男孩们自由选择他们喜欢的事物吧，这也是让孩子健康成长的方法之一。

要对孩子自己选择的东西表示认可。知道自己的孩子喜欢什么，也是爱他们的一种表达方式。也许孩子现在手里面握着不放的东西正是他成长过程中必要的东西呢？

不是允许他们玩，而是和他们一起玩
不是养育他们，而是让他们自然地成长

“不是允许他们玩耍，而是和他们一起玩耍。”在瑞典留学的黄成俊博士这样说道。其本人被称为“斯堪的纳维亚爸爸”，也是这方面的专家。黄博士在回答“斯堪的纳维亚爸爸”和孩子玩耍时有什么特征这个问题时说道：“如果你想到允许他们自由玩耍的时候，你会觉得很累。那么，你应该选择和他们一起玩耍。这不仅尽了父母的义

务，还享受了和孩子一起玩游戏的乐趣，这样你就不会感觉累了。”黄博士在录制“斯堪的纳维亚育儿方式”的节目前，在待机室中与我进行了一段谈话。谈话过程中，他和我分享了推崇北欧育儿方式的缘由。

请不要仅仅允许他们玩要，而是要和他们一起玩耍。请不要按照某种方式特意教导他们如何成长，而是顺从他们的天性，让他们自然而然地成长起来。

针对“养育孩子”这句话，有一个孩子曾提出过这样的疑问：“孩子自然而然就会长大，我不明白为什么非得说是父母养大的。”在孩子看来，“养育”和“长大”具有完全不同的意思。因为“养育”是一种具有被动意味的词语。不管怎么说，只要孩子按照天性，顺从自然规律就会健康地成长起来，这一点所有人都是无异议的。放养孩子，也是一种良好的育儿方法。

没有理由要按照时代的不同来区分男性女性，因为这个社会男女所担当的职责是没有区别的。如果父母认为男女截然不同，固守着“男子汉就应该这样做”的传统观念，也绝对不要把这种想法完全投射到孩子身上。特别是对于5岁前的孩子——男孩或者是女孩，最好不要给其灌输性别意识。孩子在外面玩耍打闹时经常有过激行为，力气大的男孩子，在自由活动时间里，居然拎着挎包，穿着女式皮鞋，推着婴儿车，拿着电话在教室里进进出出……请不要管他，男孩会自然而然地成长起来的。

过了这段时期，男孩们的天性就会在各种活动中呈现出来。尽情地跑跳，各种恐龙的名字能够一个不落地背下来，喜欢刀剑拼杀，喜欢开小汽车，不惧危险……伴随着这些，男孩子们会逐渐成长起来。五年级之前男孩、女孩们一起打打闹闹；但之后同性间就开始抱团，异性间互不理睬像是相互排斥一样；再然后异性朋友好像占据了自己的整个世界一样……我们的男孩就是这样成长起来的。

男孩也要表达自己的感情

请允许男孩哭吧。他们之所以哭是因为自己喜欢的妈妈不给；自己不喜欢的妈妈偏要塞到自己手里。男孩并不是因为感到委屈或者想发脾气才哭，而是因为想说自己不要手里这个，却不知道怎样具体表达，所以才流出了眼泪。

父母应该想方设法搞清楚孩子的各种心理变化，然后鼓励男孩子把自己的感情表达出来。父母要按捺住内心的怒火，不要急着否定孩子，才能让孩子以丰富的感情、健康的人格成长起来。5岁的儿子想穿高跟鞋，然后通过哭来表达诉求，这正是他的内心驱使他这样做的。“男孩子不能穿高跟鞋”这件事，5岁的男孩子是不知道的。

对于儿子“哭”这件事，有的父母觉得很生气，有的觉得很烦。但是如果站在孩子的立场上想想他为什么会哭，你的反应也就不同了。孩子分明喜欢粉红色的饭盒，妈妈却硬要塞给他一个蓝色的饭盒，所以孩子才会在妈妈面前会哭。当然我们并不是说鼓励孩子用哭来表达自己的感情，而是要父母承认孩子的感情。不要漠视孩子的感情，不要对孩子进行无端的指责，以使孩子不会因此而哭泣。如果不想让孩子哭，就要尽可能地帮助孩子把内心的想法表达出来，而不是对他说：“男孩子哭什么哭呀。”

不要只在孩子开心的时候欢呼，也要从心底接受他的悲伤、愤怒，孩子才能健康地长大。怎样教导孩子把不好的情绪表达出来，这是作为父母的我们一定要研究的课题，要对孩子说：“不要忍耐，我们会接受，这样才能调整情绪。”但怎样把情绪发泄出来，长辈对于该如何处理自己的坏情绪都感到困难，更何况是年幼的孩子呢？让他们感到伤心，却不让他们哭，这是父母所犯的过失。

儿子哭泣的时候，请稍微等一下。等孩子止住了眼泪，再向儿子问问看。

“为什么哭呀，能和妈妈说说吗？”

这种时候，不能用逼问的口吻，而应该用温和的语气、关怀的态度，还要表现出是因为好奇才发问的。这样做的话，儿子在发脾气，甚至攻击别人的时候，也能稍微调整一下情绪，把火暂时压一压。

“这样表达还可以吧？”

什么时候应该稍微调节一下再表达，这就是感情调节。感情调节不是说要一味地忍让，也不是说要随心所欲地爆发，而是要把儿子培养成为情感丰富又有节制力的男孩。

如果儿子两眼泪汪汪地望着妈妈说道：“下辈子重生还要做妈妈的

儿子。”这表明，孩子心目中认为你是全世界最棒的妈妈。不要因为孩子眼里含着泪说这种话，就觉得他很柔弱，因此而担心，反而应该为孩子拥有丰富的表达能力感到开心才是。

TIP

★ 请平等看待爱哭的儿子

1. 孩子哭泣的时候

◆ “看来真的很伤心”这句话不是正确答案。这种类似读心术一样的话，只会引起反感。眼泪并不一定非得伤心的时候才流，被冤枉的时候、生气的时候、过于高兴的时候都会流泪。不知道原因的时候，还不如先等一会儿。

2. 停止哭泣的时候

◆ 问一下孩子哭泣的理由。不要追问“为什么哭呀”，而是抱着好奇的态度、用温和的语气去问孩子。

02

将共鸣的能力像遗产一样传给儿子吧

孩子正在组装玩具，只听见“哐当”一声，原来妈妈的手指被玩具木锤砸了。

“哎呀，哎呀，妈妈好疼呀。”

在一旁玩耍的孩子留意到妈妈疼得脸皱到了一起，孩子脸上的表情变得像是要哭起来一样，眼泪开始在眼眶中打转。

这个孩子是女孩。

妈妈被玩具木锤砸到。

“哎呀，哎呀，妈妈好疼呀。”

妈妈脸皱成了一团，大声喊着疼。旁边玩耍着的孩子稍微停了一下，看了妈妈一下，又重新回到自己的游戏世界中去了。

妈妈把自己受伤的手指伸到孩子眼前，手指上已经冒出了鲜血。孩子把手指一下子就推到一边去了，好像在说：“妈妈的手指影响我玩游戏了，干吗老伸过来呀？”

这个孩子是男孩。

只有具备超棒的“共鸣能力”才能在社会上如鱼得水

作为异卵双胞胎，即使在相同的环境下长大，面对相同的情况时，女孩子总是能够很快感受到妈妈的伤痛，但男孩子却表现得非常冷酷，好像无视妈妈的伤痛。

这不是他们下意识的反应，而是男孩和女孩出自不同本能表现出的相应的态度罢了。男孩和女孩在“共鸣”这方面就是这么的不同。

养育孩子的时候，必须了解他们的天性。因为只有这样才能更大地发挥他们身上与生俱来的优势，填补他们身上的不足之处。如今我们所处的社会，需要男孩子们活得更智慧一些。这个世界上，寡言、斯文的男性不再那么受欢迎；机灵、口才好、会交际的男性更容易被人们喜欢、接受。并不是说一定要迎合这种趋势，而是为了让男孩更易融入这个社会、活得更潇洒，一定要培养孩子的“共鸣能力”。作为男人，出于礼节要为女人在长椅上垫一块手绢，倾听异性说话时，要报以温暖的微笑。

比起女孩，男孩的“共鸣脑”不够发达

令人可喜的是，男孩拥有其他令人惊讶的能力。男孩拥有这样的能力——仅仅通过看地图，就能很快地找到目的地；看着空空的房间，脑子里自然就会浮现出设计构想，然后把它变成现实。也许

正是因为这样，优秀的建筑家和设计师才多为男性吧。我们常常可以看到孩子精准地把球踢进球网的场景；也可以看到孩子和爸爸轻松地就可以用积木搭建出完美的建筑物，或许所有的男人都具有这样的能力。

总之，男孩的左脑比较发达，所以空间概念能力、系统化能力、执行能力都很强。也正是因为这个原因，男孩子分析问题和解决问题的能力比较突出。

如果在妈妈和女儿面前突然出现了一只昆虫，她们肯定会大叫："怎么办，怎么办？"但如果是男孩的话，往往已经找来清理工具，把昆虫处理掉了。如果说妈妈和女儿在面临突发事件时，第一反应是以感性反应开始的话，那么男孩所做的第一反应就是理性判断，然后进行妥善处理。男孩的这种长处，如果能再加上一点感性的话……那就更好了。

如果参与测验的男孩和女孩不是未满周岁的婴儿，而是处于能够做出独立判断的年龄，那结果又会怎样呢？女儿会感受到妈妈的疼痛进而大哭，而男孩会立刻站起来给妈妈找创可贴。男孩用找药箱的实际行动代替话语表达，行动在先；而女孩这一边，会在情感上与妈妈产生共鸣，然后再采取行动。男孩把解决问题当作自己的使命，所以不会因为妈妈疼痛，自己也感到疼痛。

对于这样的男孩，我们既希望他能快速地解决问题，又希望他感受到我们的疼痛。开发孩子的共鸣能力，归根结底也是为了让男孩将来在这个社会上生活得更加如鱼得水。为了听到这样的回答——“妈妈，一定很痛吧？请稍等一会。我帮您处理一下。”我们必须要寻找一种方法——让儿子既能读懂我们心思，又能用语言表达出来。

要求儿子既要有男子汉气概，又要让对方感受到温暖；性格刚毅的同时又要兼备温柔。这看起来确实难以做到，但如果从他们小时候就开始培养，还是有可能的。

“共鸣”到底是什么？我的另一本书《父母的话决定孩子的社会性》中有这么一句话：“很疼吗？我也很疼。”这就是例子，怎么做才能理解对方的心思，感受到对方的喜悦和悲伤呢？“形成共鸣”也需要练习，所有共鸣的产生都源自习惯。如果形成习惯总是无视任何人和物，那么长此以往就会被盖上迟钝、冷漠的烙印。

表达感情也是会形成习惯的。生气的时候“用理性思维进行判断”，调整感情后再表达出来。心情好的时候要学着“用感性思维直接表达出来”，让身心熟悉这种模式。“共鸣”虽然说是在内心产生的，但是表现出来的却是态度和行动。所以我们要帮助孩子通过反复练习，练就好的表达方法。

那么，看到妈妈手指被砸伤，表面上看起来没有“共鸣”的儿子，内心真的感受不到妈妈的疼痛吗？如果不是的话，就是因为对于妈妈的疼痛感觉不是很强烈，或者注意力完全集中在玩具上的原因。

研究大脑方面的专家发现：男孩的“共鸣脑”和女孩比起来，不是很发达。因此，男孩感受到的妈妈的疼痛感要比女孩少一些。如果真是这样的话，那么又该如何养育天生就是如此的男孩呢？如果这个世界上只有男孩存在的话，或许就没有这样的问题了。但是我们的儿子生活中还要和别人相处、配合才能生活下去。妈妈们有时候常常会感到有些惆怅，因为要和儿子共度一生的伴侣是另一个女人。正因为如此，为了儿子幸福的婚姻和家庭生活，父母应该尽早培养孩子的共鸣能力。

把儿子从“无意”引向“关心”

我和你的心情是一样的；站在对方的立场理解对方、关心对方；告诉对方你生病的时候，我也能感受到你的痛苦；和对方说我在乎你就像在乎我自己一样，这会让对方很温暖……这就是共鸣。真正的情感共鸣不应仅仅停留在话语的表达上，还应该包含着行动。嘴上说着，看着你生病了很难受，我也感到很难受；而实际上只顾着忙自己的事情，这样一来话就变成了空话、虚话。如果看着对方生病，你真的能够感觉到他的痛苦的话，你会把手贴在他的额头上测试温度，你会问他到底哪里感觉不舒服，是不是需要帮忙，你会发自内心地、由衷地希望能够帮到他。如果真的想要培养孩子的共鸣能力，那么请这样锻炼他：先用言语交流感情，再采取行动，这才是真正的共鸣。

第一，共鸣是从感受到温暖开始的。所以爸爸妈妈平时要在孩子面前展现相亲相爱的样子。共鸣指的就是自身最直观感受到的东西。父母间亲密的爱情可以给孩子提供一个充满爱的空间，就给孩子传达暖意这一点来说，这无疑是最棒的。

第二，集中精神用心倾听孩子的话，对培养孩子的共鸣也是有很大帮助的。孩子苦恼的时候，不要什么都不问就开始训斥或批评他，而要站在孩子的立场（不是无条件站在孩子一边）思考一下，让孩子感受到你对他的理解。孩子和父母之间产生充分的共感之后，自然就会做出明智的判断。

第三，散步的时候让孩子多看看蓝天，看看树木，让孩子多感受自然之美，并用语言表达出来。

第四，父母要尊重身边所有的人，并称赞别人的优点长处。父母善良美丽的心性和表达心意的话语，也有助于孩子共鸣能力的开发。

第五，父母的父母（祖父母）身体不舒服的时候，或者需要帮助的时候要叫上孩子一起，让孩子看到父母对祖父母无微不至的照顾和关怀，这利于孩子人文主义思维的形成，这也能够为培养孩子共鸣能力奠定基础。怜悯比自己弱的人，想要帮助比自己弱的人，这就是人们常说的“恻隐之心”，“恻隐之心”是共鸣的开始。

共鸣能力能够为孩子插上梦想的翅膀，能够成为他成长路上稳固的后援团，能够让孩子从人群中脱颖而出。我们的孩子在这个世界上要做的很多事情都可以被机器所替代，但共鸣能力是机器无法替代的。无论世事怎样变换，我们的孩子都会毫不费力地鹤立鸡群。因为随着社会发展，那些有人情味的人更受欢迎。

一定不要忘了，优秀的女人是喜欢优秀的男人的。而成为一个优秀男人的必备条件就是拥有出色的共鸣能力。不要因为不能给儿子购买婚房而感到担心，因为儿子的共鸣能力是几栋房子都换不来的宝贵财富。

TIP

★培养男孩的共鸣能力

1. 尊重孩子的提问，及时作出回应。

有些时候，孩子会提出很多问题。这种时候，不要觉得厌烦，要做出适当的回应。

2. 锻炼孩子的语言表达能力。

有这样一句话：因为不知道，所以说不出。父母以温暖的态度待人的一面，一定要表现给孩子看。表达共鸣的语句有：

“原来是这样啊，那你一定很伤心。”“听你这样说，真的是太开心了。”“真的很漂亮，不是吗？”

3. 共鸣就是恻隐之心。

对需要帮助和觉得可怜的人施以援手的样子一定要让孩子看到。平时看到路旁乞讨的人，要和孩子一起往他面前的碗里放零钱，并且对孩子说：

“他得有多么艰难啊？肚子该有多饿呀？我们能帮到他什么呢？”

4. 让孩子认识到：真正的男人是温柔的，细腻的。

坚强和大方是男性与生俱来的品质，但如果在这个基础上再拥有温柔、细腻的品质可就真的是锦上添花了。

03

培养孩子的孝心

星期六，为了检查身体我去了趟医院。在人流拥挤的医院里，一个小男孩忽然出现在我的视线里。他看起来像一个小学五六年级的学生，正在挂号台向护士询问着什么。

“自己来的吗？”

“是的。我一个人来的。”

一会儿，引导小男孩前往内科诊疗室的护士也问道：

“就你自己一个人来的吗？”

男孩打开诊疗室的门走了进去，响起了医生的声音。

“嘿，真的很勇敢，独自一个人来的吗？”

一会儿，这个男孩就出来了，正好坐在我的旁边。

“哪里不舒服吗？”

“是的。有些感冒了。虽然不是很难受，但是挺长时间都不痊愈。”

“那你怎么一个人来了？”

“我妈妈也说要来，但是我对妈妈说您太累了，需要休息。我说我自己一个人来就可以了。”

“真的是个勇敢的孩子呢。一心为妈妈着想，真乖啊。”

“我妈妈就是这样教我的。”

记得早些时候，我偶然得到一张照片，背面写着：“多么孝顺的儿子。”照片上是一对母子的背影：上小学的儿子穿着妈妈的高跟鞋，妈妈穿着儿子的运动鞋。即便只是背影，仍旧可以感受得到儿子的孝心，妈妈疲惫的双脚此刻是多么舒服啊。

难道不对儿子大呼小叫就没有效果吗?

诊疗室外面，我坐在候诊区等候，看见不时有人向小男孩问道："你是自己一个人来的吗？"这样一个场景不禁让我开始思考，以小男孩这样的年纪可以一个人来医院吗？于是我环视了一下周围，看到很多大学生模样的患者都是由母亲陪伴着一起来的。也许正是因为如此，小男孩才会不停地被问这样一个问题："你是自己一个人来的吗？"

在我向男孩说明来意之后，我们两个人便开始聊了起来。聊天中，我了解到男孩今年13岁，正在上小学六年级。因为他觉得妈妈上了一周的班，每天都是早出晚归，周六早晨应该多休息一会儿，所以他就自己一个人来医院了。"再说家又在医院附近，何必要让妈妈一起来医院？这是不必要的！"男孩认真地说。我之前一直以为五六年级的孩子，因为刚刚进了青春期，脾气暴躁，有距离感。但听了孩子的一席话后，我对他们的不好印象顿时一扫而空。

看着这么善良的孩子，不知为什么会有莫名的担心，担心他因为太过温顺会在学校受欺负或者被孤立，希望他如果有困难的话，可以和我谈谈，便问道：

"你在哪个学校念书呀？"

孩子听完我的问题，瞬间犹豫了，像是不知道怎样回答一样，双手摩挲着说道：

"嗯，这个……"

“对不起，对不起。”

我赶紧说道。我只是想和孩子聊一聊学校的生活，但是孩子比我更迅速地回到了现实中。同时我也感到安心了许多，连和陌生人说话都智慧地保持一定的距离，我所担心的事情，孩子也会有充足的能力去应对。

“以后也要对妈妈多尽孝道啊。”

孩子结算完诊疗费，往外走的时候还朝我点点头。看到他彬彬有礼的样子，我心里觉得暖烘烘的。这可能就是因为看到美丽的事物，就会不由自主地感动的原因吧。男孩子的礼貌、谦逊以及难能可贵的孝心都给我留下了深刻的印象。那天整整持续了3个小时的健康检查，我没有抱怨也没有觉得累，我想这多亏了那个男孩子传递给的我正能量。

有时候在做教育专题讲座的时候，我会向参与讲座的家长们问及他们孩子的年龄及性别，发现他们中大多数子女处在幼儿时期或者上小学低年级。我给生了女儿的家长们传达这样一种观念：

“看来在座的各位上辈子一定是拯救了国家，所以今生才能有幸生得一个女儿。”

我对生了男孩子的家长们讲道：

“祝贺在座的各位，看来这一世遇到了磨炼自己心性的恩人。”

儿子，这是一个让我们感到揪心和费脑筋的词语；儿子，是让父母在忍耐中磨炼意志的恩人。“在养育儿子的过程中，发现自己脱胎换骨仿佛再生了一样。”事实上对于生女儿的人们来讲，养育女孩也不是一件容易的事。更何况是养育男孩呢?

“在养育儿子的过程中，妈妈们觉得自己哪些地方变化最大？”

“说话声音变大了很多。”

“我小声说话他也得听才行！冲他大声叫喊还不知道他听没听进去。孩子总是你说你的，我继续按照我的想法做我的。我有两个儿子，我的丈夫常常问，我十年前的嗓音去哪里了。连我自己也感觉我的嗓音发生了很大的变化，已经接近半个男人的声调了。”

我赶紧说不是这样的，现在您依旧很漂亮。她点了点头，继续说道：“像我和您这样子说话，听起来也不觉得奇怪。但是问题是在家里面要和三个男人说话，要是不用喊的，感觉不起什么作用。”

另一位母亲也在一旁随声附和：

“听到又有什么用，依旧会我行我素。”

两位母亲的儿子都在上小学，反应又是如此的相似。

儿子，到底该怎样和他说话、说什么话，他才能听明白。看起来好像感觉他们很单纯，让他们做点什么很容易，但是有时候我们会觉得特别累。每到这种时候，他给出的反应特别像一个小一号的男人，迷你版的老公。在这一点上几乎所有的妈妈们都感同身受。

但是，对孩子大声说话就一定有效果吗?

男孩子的特性：喜欢硬碰硬

“妈妈你怎么能让我一个人去医院，多丢人啊！”

“你都几岁了，自己连医院也去不了吗？有什么可丢人的。你有什么问题不能自己去医院，让妈妈带你去才是真的丢人呢。而且仅仅就今天让你自己去，妈妈不是也感冒不舒服吗。”

“妈妈为什么总是大喊大叫的，耳朵都要被震聋了。”

“妈妈什么时候冲你大喊大叫了！只是跟你把话说明白罢了，况且你声音比我的还要大。你怎么不想想？还和妈妈顶嘴。妈妈累了，不管怎么说今天你都得自己去。”

如果这时孩子的爸爸还在睡懒觉的话，妻子的火气就会蔓延到爸爸身上。

“你还是不是孩子的爸爸？儿子感冒都一个星期了还没好，一直都无精打采的，你看不到？今天周六，你就不能带他去趟医院？”

想要睡个懒觉的爸爸不会立刻反省自己有什么不对，自然也会感到不满，于是也大声喊起来。

“呀！你这个孩子，都多大了，连个医院也去不了吗？深夜都可以一个人回家，大白天的去个医院有什么不敢？”

听到孩子爸爸声音如此洪亮，妈妈更是使劲提高了音量。

“孩子爸爸你做对什么了吗，这么大声和孩子叫喊？”

“那你呢，在孩子面前和我这么大声说话，让孩子都学到些什么呀？”

“哎哟喂，就像你做得好一样。其他孩子的爸爸在周末都会带着儿子去玩或者做些什么。你可好，孩子病了都不管。”

孩子也加入到了口水仗中。

“烦死了，赶紧给我钱。”

“你看看这孩子说话的语气。你再给我说一遍！能用这种语气和父母说话吗？”

孩子爸爸话音刚落，妈妈也大声说道：

“哎哟，你们两个都一样，完全一样。过来，带着钱赶紧去医院吧。”

孩子把门“哐当”一声关上，出去了。儿子嗓音也高，不满的情绪也多，开门关门的声音也大，由此可见心中的不满一定是波涛汹涌。当母亲的疲惫和火气遇上时，母亲就会想“养活孩子到底是为了什么”；当父亲的困倦遇上妻子和儿子如此的反应，口中会不由得发出一声叹息：“哎，真是的！”

妈妈、爸爸和儿子三个人共同上演了这样一出闹剧。甭说休息了，每个人都在更大的疲惫和郁闷中度过了周末的清晨。

孩子带着满腹的坏情绪来到了医院，护士问：“一个人来的吗？”孩子听到后能够心平气和地回答吗？“您不是明知故问吗？这不明摆着是一个人来的。怎么，一个人来不行吗？爸妈都觉得我很麻烦，他们两位想要休息，便让我自己来了。”孩子所有的不满都通过言语、表情和态度流露了出来。

要把自己的情绪和感受向儿子表达出来

“妈妈感觉有点累……还得和宝贝儿子你一起去医院呢。这可怎么办？”

“啊，这可怎么办好呢？我感冒已经持续一周了，特别难受。”

“妈妈因为太累了想再稍微睡一会儿，但是我得和宝贝儿子一起去是吧？好的，儿子，你稍微等妈妈一下，妈妈稍作准备，这就和你一起去。”

“妈妈，您真的这么累吗？”

“嗯，这周事情实在是太多了，再加上妈妈身体也有些不舒服……”

“那不正好和我一起去医院看看。”

“但是，比起吃药来，妈妈觉得多休息一会效果会更好。还有……妈妈也不想去医院接受诊断。”

“那妈妈不去医院也没关系吗？”

“嗯，但是儿子你要是自己去医院的话，一定会觉得不好意思的……”

这种时候，如果和孩子说“你觉得不好意思，所以一个人不能去”，那么事情也不能得到很好地解决，不如柔和、委婉地说更有效果。

“妈妈这么难受的话，我自己一个人去也行。虽然感觉有点那样……但是没有问题的。”

“真的没有关系吗？好像还是有些地方得需要妈妈帮忙吧？”

“帮什么忙呀？又不是没有去过，就是那么回事。我一个人好像可以的。”

前面的那个六年级的男孩子听到妈妈说“丢人”之类的话，很不开心；但后面的这个男孩子却说 “虽然感觉有点那样”（不好意思，尴尬或者其他感觉），但还是自己去了。这说明孩子已经整理、平复了自己的心情。

妈妈，请用柔和的态度和儿子对话吧。虽然我们一般认为女儿通过言语描述更能理解妈妈的感受，但是男孩的孝心往往会像泉水一样自然而然地涌出。

千万不要忘了用这种表达方式：“儿子，谢谢你能这么体谅妈妈。”

如果是需要监护人陪同一起去的话，妈妈肯定不会让儿子单独去。对于一个正在上六年级的13岁男孩来讲，完全有能力一个人去附近的医院就诊，况且这对于孩子的教育来讲也不是坏事。

既然必须得让孩子自己去医院，就要想一下有没有什么更好的方法让孩子能够愉快地接受。13岁已经是一个可以自己坐公交、自己乘坐地铁的年纪。不要放任孩子自由发展，要让孩子自己判断哪些事情自己可以独立完成。在这个过程中，父母要运用智慧引导孩子，开发孩子的“孝心”。

通过儿子和妈妈的对话，我们充分了解到妈妈拖着生病的身体和孩子一同去医院绝不是最好的选择。对话中，妈妈要以自己的温柔刺激孩子内心的感受，唤醒孩子的孝心。这一切都归功于母性的伟大。

TIP

★唤醒孩子孝心的5条定律

1. 请铭记要将孩子培养成为有孝心的“男人”。

妈妈要以温和的态度和口吻和孩子说话。

2. 把情况和孩子一一说明白，让孩子自己来做决定。

只有让孩子自己做决定，他才能慢慢成长为一个“负责任的男人”。“那么你是怎么想的？你觉得怎样更好？”父母只需要这样问孩子。

3. 请尽量称赞孩子的决定。

称赞可以把孩子培养成“帅气的男子汉”。

“我就知道结果一定是这样的。儿子真的很体谅妈妈呀，我一直就相信儿子会做好每一个决定。”

4. 当孩子完成任务回来之后，要给予一定的补偿。

要针对孩子办理事情的过程进行询问（如果旁边的人听见了，也会称赞孩子，孩子会产生自豪感），以示关心；或者对孩子的行为表示肯定，这也是对孩子的一种补偿。

5. 妈妈和孩子处于僵持对峙的局面时，妈妈要动之以情，对孩子表达自己的感受。

孝心源于恻隐之心。儿子如果很固执，面对强势的父母时，心中很难产生“恻隐之心”。妈妈向儿子表达自己的感情，有助于诱发孩子的孝心。

04

培养"娇生子"和"自大狂"的领导能力

"喂，这个才学了没多久，这么快你就都忘了？"

"哥哥，我确实学过这个吗？我怎么一点都想不起来了！"

"你怎么总是学过就忘，再教一遍还忘。认真听，这是最后一遍。"

"嗯，哥哥，但最后我要还是不会的话，你还要教我……"

"你自己把题解开，无论怎么教都学不会。我给你5分钟，自己把题解开！"

"嘻嘻，知道了哥哥。就一遍，再教我最后一遍，我就明白了。全明白了。"

厨房里的两位妈妈听到贤硕和振硕的对话，相互对视着笑了起来。贤硕和振硕分别在上小学五年级和小学二年级，贤硕是振硕的课外辅导教师，振硕是贤硕的学生。贤硕可以得到两小时一万韩元的课外辅导费。这两个孩子是亲戚关系。

小学五年级的贤硕给弟弟授课

正在上五年级的贤硕是家里的独生子，因为爸爸40岁、妈妈38岁那年才生的他，所以尤为宠爱。无论再怎样用心养育，也不能让他改掉独生子女和晚生子身上所具有的那种骄纵的习气，贤硕有事没事总是爱乱发脾气。直到贤硕上了小学，一向宽容、乐呵呵的贤硕爸爸才开始担心他了。妈妈虽然嘴上安慰爸爸说没关系的，但也不能完全无视孩子的现状。

一个偶然的机会，贤硕妈妈在育儿课上得到了一个关于如何教育孩子的信息，决心实践一下。这就是“让儿子成为课外辅导老师”。因此需要一个学生，但这也不是问题，很快就解决了。贤硕妈妈和妯娌——振硕妈妈一起商量着准备实施这个方案。事实上振硕妈妈也是被贤硕的妈妈带到育儿课堂上的。两位妈妈在养育儿子方面有着共同的苦衷，自然能相互体谅、心意相通。

为了培养娇生惯养的贤硕的领导力，两位妈妈达成了一致意见，但是这仍旧不能打消她们的担忧。“他们是一种类型的孩子，能做好吗？”贤硕妈妈很担心地问。

“贤硕自己学习成绩也不是很好……”

振硕是小学二年级的学生，爸爸妈妈不早也不晚30岁左右生的他，同样也是独生子。振硕作为父母的独子，爷爷奶奶也宝贝得很，简直是捧在手心怕碎了，含在嘴里怕化了，非常宠溺。振硕的父母自身对于孩子非常严格，但在爷爷奶奶的庇护下也无计可施。振硕看起来性格乖巧，但孩子们都叫他“自大狂”。

“妈妈，同学们总是对我说不要自以为是了。无论我说什么话，他们都会这样说我。”

振硕妈妈听完这话，并没有安慰他，因为他知道振硕确实存在这样的问题。用大人的话来说，振硕就是谁的话都听不进去的“顽石”。

所以振硕妈妈为了使“顽石”振硕能够融入同学中去，听到贤硕妈妈的提议后，与之一拍即合。但振硕妈妈也不是一点担心都没有。

“振硕是那种听不进去别人话的孩子。”

不过两个人是兄弟，应该会相互照应，所以两个妈妈决心暂且试着相信他们一次。

灵活利用孩子们的“得意心理”和“服从心理”

贤硕见到振硕很开心，因为弟弟把自己当成“老师”，对自己言听计从。为了胜任振硕的课外辅导工作，贤硕开始着手进行授课练习。虽然自己上五年级，振硕上二年级，但是给振硕教课这件事情绝对不是件简单的事情。为了让我们能够更好地理解授课内容，老师平时上课所讲的话都是仔细研究过的。有些问题贤硕心里都明白，但就是不知道该如何用语言表达，有时候说的话特别绕。每当这种时候，振硕就会睁着大眼睛看着他，贤硕就会觉得心里很是过意不去，觉得很没面子。所以每次授课前，贤硕就准备得更认真了。

“我要怎样讲解，才能表达得更清楚，让振硕能够容易理解呢？”

贤硕苦恼的同时，自己也更加努力学习了，仿佛自己真的成了老师。上课时，他也开始分析老师是如何教授课程的。老师授课的样子、讲解的方法，贤硕听完后都一一记下来，写成笔记。一段时间后，贤硕经常被老师表扬听课认真、态度好。

当然贤硕做课外辅导也不是义务的，通过这个他可以得到两个好处。首先，两个小时的课程教授完毕后，他可以从婶婶那里得到一万韩元。这可不是零用钱，是自己辛辛苦苦赚来的课时费。每次从婶婶那里接过用信封装好的课时费时，贤硕甭提有多开心了。

其次，每次结束了两个小时的授课后，妈妈会给贤硕一个小时上网或者玩游戏的自由时间，这对贤硕来说有着巨大的诱惑力。所以一来二去贤硕反而更加期待这一周两次的课外授课。但随着授课次数越来越多，贤硕投入备课的时间也越来越长，每次结束后根本就没有上网、玩游戏的时间，因为他要努力研究如何把振硕不懂的问题讲述得更容易听懂一些。最近振硕一见到贤硕就叫他“老师”，贤硕心里甭提有多开心了。贤硕想着自己一定要做得像个真正的老师，所以连坐姿都格外注意，在讲解上相当费心思。虽然说当老师不是件容易的事，但是贤硕却觉得是件相当得意的事。

振硕对于课外补习这件事情同样感觉乐在其中。起初振硕知道不用去课外辅导班上课，取而代之由贤硕哥哥来授课的时候，还是喜忧参半的。去课外辅导班上课虽然很麻烦，但是可以和朋友们一起玩耍，熟悉的贤硕哥突然间变身为自己的老师，想起来都觉得是件搞笑的事情。但是也正因为是贤硕哥授课，振硕自己觉得理解起来也更加容易了。事实上，开始的时候，贤硕好像也不知道该怎样讲课，很想向妈妈说不做了。妈妈也很是苦恼怕贤硕真的不做了 。贤硕知道这个事实后，最后可能是觉得有点难为情，就强忍着坚持了下来。几次过后，贤硕好像找到了门道。现在，贤硕已经真的像一个老师了。有些时候，振硕甚至觉得哥哥比老师讲述得还要明白、还要容易理解。而且更好的是，如果有不懂的地方，可以随时提出来，把问题立刻解决掉。在朋友面前，振硕很自豪自己有这样一个好哥哥，同学们对振硕也由最初的嘲讽变成了羡慕。

振硕听贤硕哥说他不但可以赚到零用钱，还可以得到一个小时的自由时间玩游戏。振硕很是羡慕，向妈妈请求也要像贤硕哥一样做家教老师。

几天之后振硕也拥有了自己的学生——正在上幼儿园的6岁男孩小俊，任务是“给弟弟读童话书”。振硕看到小俊聚精会神地听课，就像自己认真听贤硕哥讲课一样，觉得特别高兴。

最近，振硕经常认真地大声朗读童话书，这些正是要讲给小俊听的幼儿类童话书籍。朗读也不是一件容易的事情，振硕读得一顿一顿的，并不是很流畅。

“妈妈，我觉得啊，用眼睛看书觉得很简单，但是要读出声音，就不是很容易。”

但是振硕看起来也不像是在征求妈妈的意见。

“得读到一定程度才能停止。没关系的，再多读一遍就没有问题了。”

妈妈和振硕一同去了小俊家。当然妈妈是为了照顾振硕才去的，但是她告诉振硕，自己一会和小俊妈妈一起去市场。小俊妈妈和振硕妈妈在厨房喝完茶后，告诉这两个孩子她们去市场了，就一起出去了。两个男孩子在客厅开始进行起课外辅导来。

“上次哥哥给你读的童话书叫什么名字?”

振硕辅导过程中从头到尾都很自然地运用“哥哥……”。小俊也一直都称呼振硕“哥哥”。不久之后，即将6岁的小俊会不会也有一位小自己三四岁的学生呢?

TIP

★培养男孩子的领导能力

培养孩子的领导能力，有利于与其他孩子融洽相处，就像《三国志》中的关羽和张飞一样。这样，不仅有利于培养孩子的社会性，还有利于其社会关系的维系。另外，通过教授他人课程，可以端正孩子自主学习的态度。

1. 在和“手下人”相处中，培养“关怀和让步”。

男孩子总是不由自主地想要保护和领导比自己年龄小的孩子，这样做既可以确立和巩固自己的支配性地位，也可以让他们在实践中懂得关怀和让步的重要性。

2. 在和“领导”的相处中，学会服从。

男孩子习惯被同性领导，让他和周围的哥哥们结成合作关系有利于培养他的“服从”意识。

3. 在揣摩老师和父母心思的过程中，学会“换位思考”。

就像“角色造人”这句话说的一样，如果孩子需要承担责任，就会全力以赴。这样他就会理解处于这一角色的人的所思所想。

05

听话的乖宝宝vs“妈宝男”

手机铃声响了。

“喂，是妈妈呀，儿子你从学校回到家了？问妈妈可不可以玩30分钟的游戏？让妈妈想想看。好吧，那你就玩30分钟，可这之后你就得写作业了。”

过了一会儿，电话铃又响了。

“对，是妈妈。30分钟到了但你还想再玩一会儿？那你还想再玩多久？15分钟？好的，那你就再玩15分钟。但是接下来就得做作业了。等作业做完后，俊宇你就可以做任何你想做的事情了。”

过了30分钟，俊宇就又给妈妈打了第三通电话。在我和俊宇妈妈交谈的两个小时里，俊宇已经给妈妈打了四通电话了。

“平时在家的时候儿子总是和我形影不离，所以儿子一看不见妈妈，就会不停地找。都是因为习惯了，才会这样的。俊宇什么事情都喜欢征得我的同意再去进行。别人可能担心俊宇成了‘妈宝男’了。”但是我从这个妈妈的表情中丝毫看不出有一点担忧的神色。而这个男孩——俊宇，今年已经是五年级的学生了。

事事都要征求妈妈同意的儿子

上文中那个妈妈的儿子——俊宇到底是不是“妈宝男”？如果不是的话，那么这个孩子就真的是听话孝顺的儿子？让我们听一下俊宇妈妈自己对这么听话的儿子是怎么看的。妈妈会认为自己的儿子符合“妈宝男”的定义吗？我尝试着向俊宇妈妈提出了下面的问题。

“看得出来，俊宇真的很喜欢妈妈呀？”

“何止是喜欢！他还说过如果妈妈去世，自己也会跟着一同死掉的话呢。而且他还对我说‘像妈妈这样的人，世界上再也找不到第二个了’，他说完之后我们两个都哭了。”

“两个人都哭了？”

“是呀，儿子哭了，我跟着眼泪也下来了。虽然说是男孩，但可能是受了姐姐们的影响，表达能力特别好。他小的时候，我要是哭了，他就会摸着我的胸口说些让我感到幸福甜蜜的话。我的儿子就是这样的。”

听了这些话，我一方面觉得很羡慕，但另一方面我的心中又涌现出了一种奇怪的感觉，莫名地觉得哪里有些不对劲。虽然不能确切地说出哪里不好，但也不觉得哪里好。这让我联想到了“希望被肯定但陷入自卑感中的男孩子”，又想到了这其中好像掺杂着一些“恋母情结”。孩子们打娘胎出来所拥有的脾气秉性各不相同，所以养育的过程中父母更应该仔细观察、因人施教。这样一来，俊宇妈妈最后一通电话就更显得意味深长了。

“好的，儿子，妈妈现在就回家了。我们乖儿子正在等着妈妈，妈妈当然得快些回来了，你说是吧？实在是让我们宝贝儿子一个人待得太久了，对不起啊，儿子。”

俊宇妈妈一边打电话，一边朝我们挤了挤眼睛，好像在请求我们谅解一样，反正满脸洋溢着幸福。我们在一起谈了2小时10分钟，其间俊宇每过30分钟就要打来电话。截至最后一通电话，他们共通了5次电话。

如果儿子还在幼儿时期，倒也可以理解。但俊宇已经上五年级了，而且是第二学期，步入青春期后，身体上的男性特征已经很明显了。俊宇妈妈说，只要不是必须要上的课外辅导课都不让孩子去，孩子自己留在家里进行“自主性学习”。但是坦率地说，我觉得学习不应该是孩子生活的全部。虽然我不清楚俊宇是不是真的在进行自主性学习，但是以一个五年级男孩子的标准来看，俊宇好像完全不能独立生活。

虽然也可以多角度看待俊宇，但是俊宇妈妈还是需要从客观角度上重新审视一下自己和儿子之间的关系，这是非常有必要的。如果俊宇家的情况发生在其他母子身上，俊宇妈妈会做何感想呢？我们谈话期间，我向俊宇妈妈讲述了一个别人家的故事（和俊宇母子情况相同），来影射他们家的情况。我刚一讲完，俊宇妈妈就立刻呈现出这种反应：

“哎哟，哎哟，这完全就是一个‘妈宝男’嘛。”

我的儿子绝对不是“妈宝男”

做父母的都对自己的孩子有一种信任感：“即使别人家的孩子都是……我的孩子也不是。”或许之所以会有这样的想法，是因为每一个父母都坚信自己是不错的父母。但是这种相信，一旦转变成“盲目相信”，事情可就变得危险了。盲目相信，对孩子和父母都是不好的。轻易就能断定别人家的孩子是“妈宝男”，但却理所当然地认为自己的孩子是因为喜欢妈妈、尊重妈妈才事事都会征求妈妈的同意。造成这样的结果，也是妈妈盲目相信儿子的结果。

“妈宝男”虽然没有绝对的标准，但是却具备以下几个明显的特征：一切行动都会无条件地遵从妈妈的安排，得到妈妈的同意才会安心，进而付诸行动；看不到妈妈就会不安，甚至于如果电话打不通，会一直打到通了为止；做完妈妈所安排的事，就不知道下一步该做什么；为了得到妈妈的称赞，可以丝毫不顾及自己的感受，自己怎样做都无所谓……

上面“妈宝男”的特征不适用于10岁以前的孩子。但就算是年纪小，但如果已经上了五六年级，却仍然不能完全脱离妈妈的掌控的话，也确实应该好好思考一下。这绝不是妈妈值得高兴的事情。就像孩子到了一定年纪必须断奶一样，孩子到了一定年龄也不应该再完全按照妈妈的安排来行动。别人家的孩子不经妈妈的允许就随心所欲玩游戏，甚至于不听管教。但我的儿子没有我的同意既不玩游戏，也不看电视，更不会和朋友到外面去玩，多么乖，多么令人省心啊？但是请再仔细想一想，你就会知道这其中的意味：没有了妈妈的许可，孩子什么都不能做，什么都以妈妈为中心的孩子，完全按照妈妈指示行动的孩子，为了得到妈妈称赞而存在的孩子，这就是“妈宝男”。

我在另外一本书《父母的话决定孩子的社会性》中描述了这样一个片段：一个30多岁的女性在相亲中手拿电话完全按照妈妈的指示行动，母亲远程操纵女儿说，第一次约会的时候绝对不要一起吃饭；向对方表明约会的前提是周末不能一起度过，因为要陪父母一起度过。一个30多岁的人，竟然做出这样的举动，你能想象得到吗？但是一个30多岁的人之所以会这样做，一定是因为从小学开始就养成了没有妈妈的帮助就什么事情都做不了的习惯。

鸟儿只有经过多次练习，才能学会飞翔

与家庭条件无关，所有的父母都希望自己的孩子拥有独立生活的能力。就算是可以让子女靠继承遗产就能过衣食无忧的生活的父母，也不希望他们的孩子失去独立生活的能力。如果小的时候因为学习是件辛苦的事，而不让他们学习的话，那么又如何能够让他们在长大之后再好好学习呢？这是很多父母经历过大半辈子后才领悟到的人生真谛。父母越是希望子女能拥有有意义的人生，就越要培养孩子的独立性，让他们自己去安排、去创造属于他们自己的人生。

这也就是我们要关注“妈宝男”这种现象的原因。猛一看可能觉得

是个善良孝顺的儿子，但仔细一看其实是个“妈宝男”。尤其是有些妈妈特别喜欢自己的儿子完全服从自己，整天和儿子黏在一起，由此一来母亲和“妈宝男”无疑组成了一对搭档。这样的妈妈会有一种错觉：别人家的儿子专门挑一些妈妈不喜欢的事情做，而“妈宝男”儿子只做妈妈吩咐的事，多么可爱、多么招人喜欢呀；再加上“妈宝男”事事都会征求妈妈的意见，从表面上看就会认为孩子一定是很尊重妈妈的；别人家的孩子有时候会无视妈妈的话，而“妈宝男”会把妈妈的话奉为圭臬，这样一来，妈妈们更会对“妈宝男”儿子赞不绝口了。

但是，妈妈们请仔细想清楚，儿子事事都向你征求意见，如果你把这视为乖巧，并且单单把目光聚集在这一点上的话，最终导致的结果是：妈妈们一点点小事也会对儿子提出要求，而这其实是在掌控儿子罢了。如果你不想让儿子变成永远长不大的男人，如果你想让你的儿子成长为一个有担当的男人，那么请不要让他成为“妈宝男”。为了父母自己，为了将来要和儿子结婚的那个女人，更为了儿子能够拥有璀璨的人生，希望妈妈们不要图一时的称心如意，一定要冷静看待母子关系。

“妈宝男”们一辈子不可能只遇见像妈妈一样对自己有求必应、理解自己的人，也几乎没有可能遇见像妈妈一样任何事向自己让步、做出牺牲的女人。在妈妈看来很宝贝的儿子可能连结婚都变得很困难了。妈妈当成宝贝疙瘩的“妈宝男”很可能成为什么都不能做，没有责任感的无能的人。因为不是所有的人都像妈妈一样一直站在孩子身边激励他、支持他、关心他。就算不体谅别人，手头上需要处理的事情已经堆积如山了，如果每件事都还习惯去问别人，得到别人的肯定、确认、称赞才去做的话，后果可想而知，这样的孩子注定是要失败的。这样一来还不如有一个让自己操心、背着自己偷偷玩游戏的儿子更好。鸟儿经过很多次的练习才能学会飞翔，但是“妈宝男”们却因为妈妈的原因，在成长的过程中连自己要拍翅膀的理由都找不到。

这其实是在阻碍儿子的成长，孩子也有经历挫折与犯错误的权利。

无论是陷入自卑中迫切需要得到妈妈承认的男孩，还是男孩的母亲，都有必要稍微冷静一下。“有妈妈在，我会一直守护你的！”请停止对儿子抛出这样甜蜜的诱惑，也应该摘掉“这都是因为我们孩子善良懂事才会如此”的桎梏。因为我们的孩子应该是一个拥有独立人格的人。

虽然我们常说，沐浴着爱长大的人才会去爱别人。但是如果这爱被扭曲了，也是不可以的。没有地方需要“妈宝男”，也没有人会喜欢“妈宝男”。养育孩子的目标定得太过狭隘的话，那么无论孩子到了30岁，还是40岁，都只能是“妈妈的孩子”，别的什么都成不了。

TIP

★培养“妈宝男”的自立能力，让他拥有独立的人格

1. 让孩子练习自己安排生活。

妈妈给出大概的意见，具体的由孩子自己摸索、决定用什么方式进行。

2. 让孩子征求妈妈同意的次数减少。

鼓励孩子自己做决定。

3. 妈妈不要动不动就说“我们孩子真乖”。

不要只在孩子按照妈妈的话去做的时候才称赞他，孩子自己做决定行动的时候也要称赞他。

4. 孩子为了博取妈妈欢心才做某些事时，妈妈要回头好好看看，该不该高兴。

5. 鼓励孩子和其他孩子们融洽相处、玩耍。

妈妈们要拆掉心中的藩篱，让孩子与同龄的孩子们一起体验这个世界，包括犯错。

06

关于儿子结婚这件事

Gold Miss受欢迎，Old Mister遭冷落。

最近几年间，黄金女性（Gold Miss：能力很强的35岁以上未婚女性）很受大家追捧，但是同龄的未婚男性们（Old Mister）在就业上却屡屡碰壁。大家普遍认为“黄金女性”因为没有家庭的原因，更容易把全部的精力投入到工作中；相反，未婚男性正是因为“未婚”，而在求职市场上处于不利的地位。

大型企业人事科职员们对求职的30多岁男性的印象进行了总结，大致有以下几点：

性格有问题；生活习惯不好；因为没有家庭，对公司的“忠诚度”很大程度上打了折扣，所以30多岁的男性很难成为黄金男性（Gold Mister）。

上了年纪的男性，也都哭诉自己在事业方面处于不利的地位。

“搞事业的人中有人谎称自己已婚，甚至还有一些30多岁的男性戴着假的婚戒冒充已婚，”一位从事室内装修的30岁出头的男子说道，“我们在和生意伙伴合作的时候，如果没结婚，对方对我们的信赖度就会降低，这也就是要假装结婚的原因。”

“如果两个人条件都差不多，那么已经结了婚，并且拥有一两个孩子的职员更容易获得客户的信任。”大企业人事组长这样说道。

优质的男性无论什么时候都是受欢迎的

一般来说，父母对女儿的担心总是要比儿子多一些。比方说一想到女儿要走夜路就会忍不住地担心；发生什么不好的事件，也会在第一时间想到女孩。对于女孩来讲都很安全的世界，对于男孩就更不用说了。从这方面来讲，男孩子在社会上生存还是挺有利的。

但是，这种主张原本就是一种偏见。从结婚的角度来讲，男女就恰恰相反。当然，结婚是男孩和女孩共同要面临的问题。不过这也已经是之前的事了。现在“上了年纪的女性（Old Miss)”已经换成了“黄金女性 (Gold Miss)”，从这一说法来讲，女孩子们做结婚的选择多是她们自身意志的反应。但是另一方面，就像“上了年纪的男士 (Old Mister)”这种叫法一样，男人们结婚好像和他们的选择无关。“黄金女性(Gold miss)”之所以不结婚，不是因为她们结不了婚，而是因为她们不想结婚。但“上了年纪的男性（Old Mister）”却给人一种结不了婚的感觉。

一时间社会上形成这样一种氛围：对于女孩子来讲，可以选择是否结婚；但是对于男孩子来讲，结婚则变成是无条件的、必需的选择。因为男人只有结婚了，才能完成其他更多的事情。

所以，从现在开始，请仔细端详你的孩子，为了儿子能够顺利结婚，突击制订一个结婚计划吧。计划的目标很简单，就是为了儿子未来能够在适婚的年纪顺利地结婚。细节目标也很简单，让儿子能够被女孩子选中。你肯定要问是要把儿子培养得能够让20年后精明无比的女孩子选中吗？那么未来女孩们的择偶标准会不会改变，我们又如何得知？

要是按照现在女孩子的择偶标准培养儿子，那么将来这一标准发生变化了，该如何是好？但是，这并不难。只要抓住不变的因素，对儿子进行打造就可以了。

优质的男青年们，一般人品都不错；善于倾听别人的话语，并会毫不吝啬地给予他人适当的回应；他们通常能够把自己的事情完成得很好，并且愿意为自己做过的事情承担相应的责任。总体来讲，就是要把儿子培养成为——“品质良好的男人”。就算女孩子的眼光变得再高，品质良好的男人任何时候都是受欢迎的。在孩子的成长过程中，没有人比父母对孩子的影响力更大。甚至可以说父母在某种程度上可以左右孩子的婚姻。

戴着“假的婚戒”寻找合作伙伴的男人们

对于男孩来讲，结婚是个切实需要解决的问题。无论世界再怎么变换，拥有一个和自己有血缘关系的小家伙，仍然具有巨大的诱惑力。在这个世界上有自己的血亲，遗传着自己优秀的基因，想想都觉得是件很酷的事情。但这件事情绝对不是男孩一个人就能够完成的。这一切，首先必须得有一个“妻子”，通过一个叫作“结婚”的形式，才能完成。

简单来说，就是要把男孩培养成为——“能够被女孩子选得上的男人”。如果您觉得这句话，很不称您的心，那么柔和一点的表述就是：

把男孩培养得以后一定要能够顺利结婚。或者说把男孩培养成拥有结婚选择权的男人，也是不错的表述。反之，绝对不能把男孩培养成不能结婚的人，更不能把男孩培养成为想结婚却结不了婚的人。

那么，到底怎样养育男孩，才能使他成长为有结婚选择权的人呢？这个问题的答案也不是很长。只要把男孩培养得合女孩子的心思，或者按照女孩子心仪对象的标准来养育男孩就可以了。

但是，什么样的男性对女性更有吸引力呢？现在女孩子们的眼光不是一般的高，把男孩培养成合她们心思的样子谈何容易呀？但就算是这样，男孩娶妻也不是父母能够选择做或者不做的问题，只有从现在开始尽早制订计划，才是可取之法。至少不会出现这样委屈的事情——男孩因为“生活习惯”和“性格”出现问题，被烙上“老男人 (Old Mister)”的烙印。到底是怎么养育的，才会出现的这种结果？怎样才能把男孩养好？每个人都需要重新思考。

按照妈妈心中理想的男性形象来培养儿子

妈妈们喜欢的男性类型到底是什么样的？沉默寡言的男人？不轻易向其他人说“我爱你”，但对于自己心爱的妻子却毫不吝啬整日表达爱意的男人？自己的衣服和袜子脱下来就直接扔在地板上不闻不问的男人？只知道一味耍赖，却连句谢谢都不知道说的男人？话尾总是爱加上“女人哪……”那样的男人？投入自己兴趣爱好的时间，比和家人相处的时间还多的男人？话语中丝毫找不到幽默感的男人？需要女人和游戏或手机共同分享爱的男人？生活习惯一塌糊涂的男人？性格特别好的男人？

为了更好地养育儿子，我们有必要把心目中理想的男人形象的特点罗列出来。首先应该培养儿子正确的生活习惯，要求他自己能做的事情绝对要自己做。这一点，只要我们从很小、很细微的地方要求儿子做起，就可以达成，如用完任何物品，都要物归原位；自己的房间要自己整理；等等。

要培养孩子具备开朗乐观的性格。为了达成这一目标，首先父母就应该做好榜样：善于向孩子表达自己的情感；经常把自己乐观积极的一面展现给孩子；置身于大自然之中的时候，感叹大自然的神奇，用美丽的语言如实地把自己的所观所感表达出来。孩子看到妈妈连小花也会赞赏，自然也会学着赞赏；孩子通过爸爸了解到大自然的伟大，自然会学着敬畏自然。同时，还要培养孩子克服困难的能力。当有虫子出现的时候，如果男人比女人还表现得吃惊，这种男人往往是没有魅力可言的。温柔的、会说甜言蜜语的男人总是受女人喜欢的，什么时候见过女人觉得“胆子特别小的男人”很帅呢？

要把孩子培养成为具有幽默感的男人。只有对人或事物有感觉，才能产生幽默感。面对自己钟情的、关心的人的时候，能产生幽默感，才是有魅力的人。而且越是感性、感情越丰富的人幽默感越强。从很小的时候就要和孩子多交流感情，即使孩子说些很无趣的话，也请给予他一定的反应。比起把感情深藏在心中不轻易表达的人，情感表达像流水一样柔和、轻快的人更有魅力。对女人一个轻微的小动作，也报以笑容的男人才是真正帅气的男人。

为了让孩子能够拥有成功的婚姻生活，爸爸要和孩子开诚布公地把一些关于“性健康”的知识讲给孩子听。儿子只有对人体结构和性有了正确的认识，才能真正完成男孩到男人的蜕变。

如果按照上述方法把孩子养育大了，孩子还是没有结婚的想法，那就真的无计可施了。因为决定权在孩子手里，即使孩子一个人生活，也不要觉得忧心。因为在这种养育方式中成长起来的孩子，具有充分的独立生活能力。他绝对不会是那种脱离了妈妈怀抱和手心就什么也干不了的无能之辈。作为男人，即使有一群女人喜欢你，你也应该具有良好的独立生活能力。不具备独立生活能力的男人是没有女人想要的。就连结婚市场上也是有“贫富差距”的，只不过此贫非彼贫，此富非彼富。

孩子即使没能毕业于名牌大学，没有在知名企业上班，也可以具备充分的结婚条件。因为女孩子的婚姻观念已经发生了根本性改变。如今的女孩子期待中的配偶已经不再是可以依靠的、能养活自己的男人，而是和自己步调一致的男人。当然如果男方能拥有良好的经济情况和殷实的家境就是锦上添花了。相比这些，男方拥有良好的沟通能力、体谅之心，能够带给女方幸福感，对女人来说更重要。因为和这样的男人一起过日子、生孩子、教育孩子，分享生活中的点点滴滴，会让女人感到很幸福。现在已经过了那种女人平生只看着丈夫过日子，在家相夫教子的时代了。比起吊儿郎当的王子，女性更喜欢忠诚的“长工”。这也是我通过和许多女性交谈之后得到的结论。

有意思的是女性理想中的配偶和理想中的男性形象，正好和21世纪所需求的男性形象是一致的。所以为了未来我们的儿子能够具备女性所期待的配偶气质，请从现在就好好培养儿子，让儿子成长得更好吧！

TIP

★培养男孩能够顺利结婚的素养

1. 让他学着自己的事情自己做。这个社会没有必须男人做的事，也没有必须女人做的事。

- 应该尊重男孩子的天性，但是在做事上不分男女。
- 让他自己选择要穿的衣服，整理穿过的衣服。
- 让他不要只把想做的事停留在口头上，要身体力行。懒惰的男人是没有魅力的。
- 让孩子养成正确的生活习惯，从小就养成的良好习惯利于婚姻生活的维持。
- 纠正孩子走路和坐着的姿势及态度。

2. 让男孩接受做饭和洗衣相关的事情。

- 在饭桌上摆放碗筷、把泡菜从冰箱里拿出来、洗碗，也是男人应该具备的能力。
- 让男孩熟练掌握一些家务事，如操作洗衣机、晾衣服、叠衣服等。

3. 让孩子读各类书籍，从拓展孩子视野的角度来说，没有比书更好的了。

- 把男孩培养成健谈、知识丰富的男性。
- 培养孩子与人对话的能力。

4. 让男孩拥有好的性格。

- 把男孩培养成为具有关怀之心和慷慨之心的男人。
- 把男孩培养成懂得对他人幽默给予适当回应，懂得称赞他人优点的那种心胸开阔的人。

第三章　称赞可以让孩子手舞足蹈

破除隔阂，让沟通顺畅的方法

01

说些让孩子开心的话，为孩子喝彩

“老师，无论我说什么，我妈妈都会说：‘哎哟，真的吗？’‘哎哟，做得真棒。’‘哎哟，吃得真香！’”妈妈几乎每天都会拍着我的屁股这样说。

盛利在父母节（韩国的节日）那天下午给父母送了康乃馨，妈妈特别高兴。所以第二天一大早，盛利刚到幼儿园，就向老师这样自豪地说道。

一旁的书妍也迅速接过了话题。

“我妈妈有时候说‘真棒’，有时候会‘啪啪’为我鼓掌。”

老师听了这些话，突然很好奇这些孩子受到表扬时，到底是什么感觉。

“妈妈这样做的时候，你什么感觉呀？”

书妍摇晃着老师的胳膊回答道：“老师，是这样的。妈妈称赞我的时候，我的心情超级好。”

“盛利，你的心情是怎样的？”

“特别开心！我妈妈说我是最棒的。”

想养育好儿子，妈妈要学做一名出色的“鼓手”

据盛利妈妈讲，盛利是那种话不多、表现力不强的男孩子。但是盛利听了妈妈的称赞，高兴得蹦蹦跳跳，甚至竖起了两个大拇指。这都是妈妈夸出来的。孩子就是这么单纯。

“哎哟，真是这样的吗？”

那么简单的一句话，就能使孩子开心起来。

与人沟通的时候，当对方看着我们的眼睛、聚精会神地倾听我们说话，并适时地给予一定的回应，我们就会感到自己受到了尊重。让我们想一想相反的情况。当对方和我们在一起时，眼神不看我们而是四处张望。我们肯定不想和他继续待在一起，因为他不关注我们。我们说话的时候，对方不认真听，我们就会感觉受到了冷落。如果对方听着我们的话，但是不作出任何反应，我们就会感觉对方听得马马虎虎，心情顿时会变坏。相同的事情、不同的处理方式，得到了截然不同的结果，而这都是由很小的差异造成的。

国语修养课上，在学习板索里（朝鲜民族传统表演艺术，又称韩国清唱）的时候，老师播放了板索里的录音带。亲耳倾听了之后，学习者更容易直接感觉到，这种清唱的形式是什么，唱词的内容是什么。在整个表演中，同学们最为感兴趣的莫过于“鼓手”这个角色了。表演期间鼓手不停地使用“哎呀”“好”“就这样”“不错”“哎哟”“唉嘿”等感叹词使表演更加有趣，但是更妙的是鼓手每次说这些话的时机都恰到好处。鼓手的作用是多样的，首先体现在为演唱者助兴上；其次就是给演唱者争取一些休息时间，助其准备接下来的演唱。这个“鼓手”有多么重要呢？“一鼓手、二名唱”这句话，就说明了鼓手的作用和重要性。鼓手和演唱者必须一心同体才能呈现精彩的表演。鼓手好像只是坐在那里敲鼓，但其实他不仅听着演唱者的音调，还要仔细观察演唱者举手投足间的动作，以此来调整自己的节拍，判断什么时候加入感叹词更加恰当，为说唱增添光彩。鼓手还要知道演唱者什么时候需要调整呼吸，那时候要及时填补说唱停顿阶段。只有鼓手和演唱者精妙的合作，才能一起完成那么长的板索里表演。

什么时机进入、说什么样的助兴词、用什么样的拍子配合演唱者最为合适，这都在于鼓手瞬间的选择。没有比这更绝妙的了。有些时候敲的鼓点是“隆咚呛 ，呛呛”，搭配“就是这样，哎哟，做得好”这样长的助兴词；有时候要加上简短但有力的“咚咚”鼓声，仅仅说“好”之类的简短助兴词。

最棒的鼓手，应该把所有精神都集中在演唱者身上。所打的节拍、唱出的助兴词都恰当表达演唱者内心的声音，且不是提前设定好的。这其中最重要的就是“聚精会神”。就像前面说过的，鼓手不仅仅要听唱着的声音，还要认真观察演唱者的表情、肢体动作。只有这样做，才能打出最好的鼓声、唱出最恰当的助兴词。

演唱者正是因为清楚地知道，在不远处有鼓手注视着自己、为自己助兴，才能唱得更加精彩。我们身边的良师益友无异于鼓手，那么我们如何能够与之共同谱出一曲绝妙的板索里。这同样也是我们要讲的主题。

父母要向鼓手学习：为孩子助兴，给予及时的回应

名唱也得遇到好的鼓手，才能发挥出自己最大的能量。如果到现在为止，你只看到了舞台中央的名唱，那么从现在这一刻起，请把你的视线转向坐在草席上，以从容的姿态击鼓的鼓手吧。请你从板索里表演开始的那一刹那起，就开始观察鼓手到底起了多大的作用。想一想如果舞台上没有了鼓手，只剩下“名唱”一个人，那么名唱还能唱下去吗？

“一鼓手，二名唱”到底蕴含着怎样的意思呢？

父母们，你们所起的作用就应该如同“鼓手”一样，你的孩子就是“名唱”。至于这个名唱的水平是否能完全发挥出来，这完全取决于父母这个“鼓手”。

孩子每天的唱词就是他“每天讲的话”，这其中难免有一些没有实际意义的话：孩子伤心的时候对妈妈讲的话，孩子心情不好时对妈妈讲的话，孩子和其他孩子打架耍赖时讲的话……

虽然要在孩子说话的时候，为孩子助兴，但还要保证不能打断孩子说话。真正好的助兴话是什么呢？“真的？真的那样了吗？接下来怎么样了？原来是这样啊”……这都是不错的助兴话。看起来都是简单的话，但如果不仔细观察孩子的言行，是找不到合适的时机插入这些话的。

最富有正能量的爱：倾听和助兴

谈恋爱的时候，我们看着对方都会感觉很开心，彼此每天都有说不完的话。像恋爱时那样滔滔不绝的聊天时光，生命中恐怕很难再找到了，不是吗？彼此间想说的话总是那么多，好像永远没有尽头。

仔细想来，当时所讲的话都是些无关紧要，甚至不是什么有趣的话，但当时我们就能不停地说，并且还总是哈哈大笑，一直能聊好几个小时，等到我们上床准备休息的时候，仍感觉还有很多话没说完。因为手机太沉，于是躺在床上，从左手换到右手，来回移动，但其实说的不过也就是些日常小事罢了。

仔细想来，“爱情”的中心表现元素就是“说话”，再一想，之所以有“话”可讲，是因为有人聚精会神地听。正是由于想要听到对方的声音，所以就会觉得对方所说的一切话语都很特别……所谓爱情，本质不就是“集中精神，认真倾听彼此说话吗”？

万一，对方嘴上说着“我爱你”，而眼睛却看着别的地方，千万不要相信他。如果你向对方发问——“你爱我吗？”对方没有正面回答而是反问——“这个一定要说出来吗？”这种时候我们就要对对方是否爱自己产生怀疑。“爱”是不一定要用言语表达出来，但是如果真爱的话，即使对方没有问，也会自然而然地说出来。爱情就像泉水一样，不停地喷涌而出，“我爱你”这句话当然也是自然而然就能说出来的。

倾听、肯定、共鸣……如果非要问我爱是什么的话？我想回答，爱就是积极地、主动地倾听对方的话，如果再问我最具正面能量的爱是什么的话，我会毫不犹豫地回答："用心倾听，然后给予适时的回应。"

不爱的话，就不会注视对方；不爱的话，就不会认真听对方说话。不爱的话，又怎么能够考虑说话者的心情和感情，适时地为其助兴呢?

只有爱对方，才会愿意仔细倾听对方在讲些什么；只有爱对方，才能认为对方的话很重要，并作出相应的反应。一个人只有爱别人和被人爱，才会变得美丽。这是因为，自己的整个身心都得到了别人的肯定。

所以我们必须让孩子感受到我们对他的爱，他才会全身充满爱的力量。

父母们，你所发挥作用的大小，会直接决定你的孩子成长发育过程中是否得到了充分的爱。让孩子感受到你爱他的最直接的方法就是看着他、听他说话、回应他。父母的助兴会让孩子更好地成长起来。下面让我们看一下，怎样适时地回应孩子、为孩子助兴。

TIP

★四种方法助您成为孩子的“鼓手”，为孩子助兴

1. 助兴不能过早，也不能太迟。

“妈妈，我今天参加了会长竞选。”

- 恰到好处的回答：“嗯，做得好。”
- 回应有些过早：“嗯，那么结果怎么样了？你当选了吗？”
- 回应有些过晚：“嗯，你说什么呢？会长？这到底是怎么一回事？”

2. 想要引出话题时，要这样回应。

“但是，我们班有4名同学都出来竞选了。”

“哦，这样啊。结果怎么样了？”

3. 感叹词是为孩子助兴最好的工具。

“结果我被选为了会长。”

“哇塞！哎哟，哎哟，妈妈真的是太高兴了。连妈妈都这么开心，儿子你不知道得多高兴！”

4. 孩子想得到的回应，对孩子来说很有必要的回应。

平时不仅要注意孩子的状态，更要把握好孩子说话时的情绪。

“太可惜了，我被选为了副会长。”

- 万一当选为副会长也是意外之喜：“哎哟，是这样啊！你当选的心情怎么样啊？”
- 万一孩子对这种结果感到很失望，这种时候首先要在情感上和他形成共鸣。

“哎哟，那你一定很伤心吧。连妈妈都感到很遗憾，更何况儿子你呢？”

这种时候什么都不说，给孩子一个拥抱，也是很好的回应。

注意事项：在了解孩子的心理状态前，不要随意回应孩子。

◆ 当选副会长，孩子就已经足够兴奋了：

“哎呀，我们儿子一定很受伤，没有选上会长。”（这是没有读懂儿子的心思，做出的不恰当的回应。）

通过和孩子聊天，了解孩子当选副会长的过程、结果，自然而然就会找出正确的回应方式。

02

应该先说的话和应该留到以后再说的话

通常在晚上7点，孩子们都跟着爸爸妈妈回家了。但今天还剩下两名小朋友。孩子们看到只剩下了自己，显得有些消沉。

叮咚！门铃响了，比起老师，孩子以更快的速度朝门口跑去。

"贤宇呀，妈妈来了。妈妈真是太想你了。"

贤宇妈妈笑得很灿烂，露出了雪白的牙齿。贤宇也边笑边快速地把书包背了起来。

"妈妈你看看这个，这是我亲手做的。"

贤宇自己在那里慢慢地穿着自己的鞋，贤宇妈妈蹲坐在旁边和贤宇聊天，今天都做了什么，过得好不好……两人都高兴得无法用语言形容。

现在教室里只剩下东延了。东延背起了书包，继续等待妈妈。

叮咚！铃声响了，东延飞快地朝门口跑去。

"妈妈。"

"哎哟喂，看看你那衣服，上衣怎么弄了这么多油渍。吃饭时，菜汤怎么流下来了？怎么搞的你？快点背上书包，和我一起回家。"

"我不是已经背好了吗？"

"那就赶紧穿鞋呀！还磨蹭什么呀？"

妈妈一边给东延穿鞋一边说道。

"妈妈不是说了不用穿上衣了嘛！为什么连鞋也穿不好？把你手里拿的东西放下，快点儿把鞋穿上。"

东延手里拿着的东西，正是今天手工课上制作的"作品"。

“忍一分钟再说的话”和“一分钟内应该说的话”

妈妈不为东延穿鞋也是可以的，因为东延绝对有能力自己把鞋穿上。妈妈给东延穿鞋是对东延的一种关怀，但这种关怀却不是东延所渴求的。东延期待的是张开双臂高兴地迎接他的妈妈。“快点把书包背上”“快点把鞋穿上”……东延等待的不是催促自己的妈妈，而是“哎呦，宝贝儿子，一定是想妈妈了，连书包都背好了”，边说话边给自己一个拥抱的妈妈。东延那么期待见到的妈妈，不是一见面就埋怨自己把衣服弄脏的妈妈，而是一见面就说“我想你了”的妈妈。我们都知道，东延的妈妈是因为爱东延，才能在第一时间就发现东延的衣服被弄脏了。所谓“爱”，就是在一瞬间就会发现对方所有的一切：好的和坏的，或许这就是爱的“魔法”吧。

但是如果想向儿子传达爱意的话，首先要把“主句”更换一下。诸如像东延妈妈那样的“主句”只会伤了孩子的自尊心，让孩子胡思乱想，进而产生罪恶感。妈妈来迎接孩子的语句只会让孩子感觉到妈妈不喜欢自己。孩子已经把书包背好了，还让孩子快点背的话一下子把孩子对妈妈的思念全部抵消了。给孩子穿鞋，本来是关怀的举动，却对孩子说“为什么连鞋也穿不好”，这种催促只会让孩子觉得妈妈不够亲切。接下来，孩子用心制作的作品，本来想向妈妈炫耀一下，没想到妈妈连看都没看，就说你拿的是什么呀，赶紧放下，不要耽误了穿鞋，孩子该多伤心啊。

对孩子来讲，他们需要的问候应该是贤宇妈妈那样的。贤宇的妈妈同样也很爱贤宇，但是贤宇妈妈没有代替贤宇做儿子可以做的事，而是等着孩子自己做完。像东延妈妈那样为儿子把鞋穿上虽然更节省时间，但是等待孩子自己把鞋穿上，更显得尊重孩子，这也是爱孩子的一种表现。

对于成长中的孩子自己能做的事情，我们一定要给予他充足的时间，直到他能自己完成。但对于工作了一整天，然后拖着疲惫的身体又来接孩子的妈妈们来讲，做到这一点很累，因为等待也不是一件容易的事情。

从这一点来看，贤宇妈妈的等待才是正确表达爱的方法。而且在等待贤宇穿鞋的时间里，贤宇妈妈还和儿子聊了天，留意了孩子制作的“作品”，这也等于充分有效地利用了时间。比起全职太太，有正式工作的妈妈们与孩子相处的时间特别不足，所以说这也是能和孩子多一点时间相处的策略和机会。

需要忍耐一分钟再说的话。

“你看衣服被弄脏了吧！”

“菜汤又弄衣服上了。”

一分钟内应该说的话。

“儿子，我很想你。”

“儿子，今天过得怎么样？”

带着和蔼的口吻、温柔的微笑向儿子传达爱意好呢？还是像故事里的东延妈妈那样专挑孩子的缺点，以生硬的方式传达爱意好呢？

用言语和行动传达爱意吧

一个周末，我去听了一次朱哲焕大导演的演讲。他的演讲以人文主义关怀为基调，对我们的母语和母语的根源进行了讲述，既有意义又妙趣横生。听了他的讲演，我很是感动，当天就去买了朱哲焕导演撰写的书——《美好的明天就从现在这一刻开始》。

关于“爱”的意义，他没用深奥的语言，而是选择了通俗易懂的语言来描述。朱哲焕导演透过这些浅显易懂的文字向读者传达了浓浓的暖意。

“不要仅仅以爱的名义做事，而是要让对方真切地感受到爱，这才是真正的爱。”

只有表达爱的方式正确，对方才能感受得到。

平时要是有机会把我已经出版的书送给幼儿教育科的学生时，我总喜欢在书的扉页上这样写道：

“希望你能够成为收获很多爱的老师。”

我通常会在学生的毕业课上以这样的话收尾：

“希望各位同学都能成为热爱幼儿的老师，同时也希望你们能成为让孩子收获很多爱的老师。”

我自己认为这可能是对“爱”的深层意思更加贴切的阐述。因为即使我们总是和对方说“我爱你”，但让对方真切地感受到爱意仍然不是一件容易的事。

这句话也可以用在父母对孩子的教育上，要做一个能让儿子从自已这里得到爱的母亲，要把父母爱孩子的心意如实地传递给孩子。父母是那么爱孩子，但却往往变成干涉孩子；父母是那么关心孩子，但却变成了经常唠叨孩子。孩子之所以常常在给我们的回应里掺杂抱怨，是因为父母自身的表达方式存在问题、父母看待孩子的角度存在问题。

东延的妈妈一下子就能看到东延身上的很多缺点，看起来是东延妈妈的缺点，但这里有几种对策可以将其转换成优点。朱哲焕的“让对方感受到你的爱意吧”的主题和“做一个让孩子可以得到爱的家长”，同样也很适用于我所讲的“要成为让孩子能够感受到自己爱的父母”。

妈妈来接东延，首先映入眼帘的便是被东延弄脏的衣服，通过颜色判断出好像是饭菜或者某种食物留下的痕迹。这种时候不要把这种状况解读为“又把衣服弄脏了”，请理解为“看来孩子饭吃得很香”。因为比起在幼儿园里不能好好吃饭的孩子，吃饭很香的孩子更容易把食物掉在衣服上。所以请把衣服脏了，看成是孩子好好吃饭的证据吧。

经常对孩子讲一些具有积极意义的词汇，让孩子多看到朋友们好的一面，这样孩子才能愉快地生活。这一切首先要从妈妈开始，即使昨天孩子把衣服弄脏了，今天又把衣服弄脏了，但是对于已经分开了一整天的母子来讲，还是不应该以指责孩子衣服脏了这种话题开头，因为孩子还只是个幼儿而已。父母应该多一份理解，多一份包容。

爱就是通过眼神、触碰、话语来传播的。比起孩子的脏衣服，首先应该看到的是孩子的脸庞和眼睛，然后拥抱孩子。妈妈的手不应该帮孩子穿鞋子，而是应该在孩子自己穿鞋的时候，用手抚摸着孩子的后背。“连鞋也穿不好”这样的话语，会像箭一样会刺痛儿子的心。应该问问孩子今天过得怎么样，向他倾诉自己有多么想念他。催促孩子快点背上书包，只能让孩子感受到时间是多么紧迫，而和孩子一起聊天度过每一分钟则显得更有价值。

爱，就是需要等待的。孩子自己完全有能力把鞋穿上，这可以锻炼孩子的独立性。职场妈妈们不要事事都帮助孩子，这样更不利于孩子独立性的发展。时间应该这样珍惜：不用单独再找时间来培养孩子的独立性，而是在等待孩子的时候，用温柔的语调和孩子一起分享一整天的经历，这才是对时间的一种充分利用。

妈妈总是一眼就能看到孩子身上的不足

越是细心、追求完美的妈妈越是很难理解儿子。“哎呀，这孩子为什么总是这样？”经常说这种话的妈妈，一定是细心敏感的女性。女性和男性天生就不同，特别是当女性特质强的妈妈遇上男性特质强的儿子，两者相处想不困难都难。因此妈妈对孩子的爱和忧虑常常让她们殚精竭虑、焦头烂额。但在儿子看来，妈妈所做的一切都是没必要的担心、控制欲以及让人无法理解的唠叨。妈妈应该与儿子拉开一定的距离，从客观的角度上看看自己，想一想自己是不是把太多时间放在指责儿子的缺点上了。

比方说，儿子向他人行礼的时说话声音有些小，我们就会说："为什么声音这么小？不是应该勇敢地大声说出来吗？"妈妈们这样说就是在无视孩子的长处，放大孩子的短处。孩子如此有礼貌，理应得到称赞才是。但是妈妈只看到了孩子声音小这一点，并不会称赞孩子有礼貌。其实孩子向别人行礼问候，本身就已经足够勇敢了，妈妈却认为只有大声问候才是勇敢的表现，这就是妈妈的偏见。

大人们也不想遇到总是抓住自己缺点和弱点不放的人。试想一下，如果你的另一半吃了你做的美味可口的饭菜，却不说好吃；反而专挑你做得不够美味的时候抱怨，你也不可能开心。那么我们又怎么能那样对待年幼的孩子呢？既然都是要说话，就要选择"美味的时候说，不好吃的时候就省略不说"才是最好的。同理，孩子十道题只做对八道，得到八十分。我们不说孩子做对的那八道题，专门向孩子突出强调做错的那两道题。这种时候的妈妈们，自身也是矛盾的。当然，妈妈是为了让孩子能够得到更高的分数，出于爱意才指出那两道错题，但是孩子是不理解这些的。

对于需要受到鼓励才会长大的孩子来讲，即使推迟对孩子的批评，也不会影响什么。如果是必须指出来的缺点，也要至少先指出孩子两个以上的优点后再说，而且一次只能说一个缺点。要尽可能地把孩子的优点往大说，把孩子的缺点往小说，但这绝不是无条件地遮盖孩子的缺点。

越是追求完美的妈妈，越能够快速、准确地看到孩子身上的不足。有时候需要把眼睛闭起来，还有些时候即使看到了也要装作看不见。如果事事都要纠正儿子，指出儿子的错误，只能让孩子和妈妈之间的关系越来越疏远。

在这样的妈妈身边成长起来的孩子，不足之处会比妈妈想象中的还要多。如果妈妈希望有一个充满男子汉气概、乐观向上的儿子，那么就不要事事追求完美，让孩子在自己面前大气不敢出，这样只会让儿子的失误变得更多。

每发现孩子一个缺点，都要想办法找出孩子一个优点，如果怎么找也找不到，那么一定是妈妈没有仔细地观察孩子。

即使每天都看到孩子身上有摔伤，也请这样理解："这都是由于他胆子大、活泼好动玩闹造成的。"孩子总做明令禁止的事，对于这种情况应该这样解释："孩子好奇心太强了，身体健康才会如此。"妈妈只有适当地放任孩子做一些事情，孩子才会理解妈妈的良苦用心。有时候妈妈所谓的对错，只不过是对孩子的偏见罢了，只有放下这些偏见，孩子才会更好地成长起来。

妈妈说"为什么又这样做"的时候，要这样想：孩子只能这样做，除此之外没有其他方法。妈妈们说"哎呀，都是因为你……"的时候，妈妈和儿子就不可能同时都感到幸福。"到底你是……"儿子听到这样的话，就会想到底我是犯了什么错，一来二去儿子就会带着自卑成长起来。如果总是对儿子讲："虽然说你是个男孩子，但也不能……"孩子自身的性别意识就会混乱，男性特质就会逐渐减少。

大多数男孩子从出生那一刻期就意味着做很多事情都要听到妈妈的唠叨。所以说孩子成长为怎样的人，取决于妈妈看问题的角度。

TIP

★向孩子传达爱意——时间差对话法

1. 应该先说的话。

◆ 看到有食物蹭到孩子身上，要对孩子说："吃的什么呀？一定吃得很香吧？"

万一没有自信对儿子这样说，那么请首先收回落在儿子衣服上的视线。

◆ 即使在妈妈看来孩子手工做得不够好，甚至看不出来做的是什么，也要向孩子问一句："你做的是什么呀？"

"我们儿子制作的是××啊！我们儿子画的是××啊！"不要对孩子说这样的话。只是问问孩子制作的是什么，画的是什么，就可以了，这样更加保险。因为孩子所创作的作品有些时候和我们大人想的完全不同。

2. 应该放在最后说的话。

◆ 孩子犯了错或者出现失误的话不要急着责备孩子，孩子在这个成长阶段容易产生自卑心理。父母的责骂会使孩子沮丧，产生自责。

◆ 对于该睁只眼闭只眼的事情和必须出言管教的事情，父母要把两者区分开。学习是一个需要反复的过程，要好好教导孩子不许放弃。有些事情是必须命令孩子去做的，也要直接、明白地吩咐他。爱，就是要坦诚、直接。

"下一次吃东西的时候为了不把饭菜掉到衣服上，你一定要多加小心哦。"

"受伤时，你一定吓坏了吧？所以说下次不应该再做危险的事情了。"

"原来是费心做的作品掉在地上摔坏了，下次你应该怎么做呀？"

03

我能长这么大都是托父母的福

中学生贤秀和他的朋友们是在暑期小组辅导班上认识的。

2周6次共计18课时的相处时间，他们一起回顾了上一学期的学习内容，共同分享了各自制订的假期计划，一起讨论了开学之后怎样投入到新的学习中等内容。比起教给孩子知识，我更希望能够帮助他们养成独立制订学习计划的习惯，让他们自己学会为接下来的事做准备。听着这群同龄学生们谈论他们的校园生活，我也在不知不觉中愉快地度过了这段时间。

这是我和孩子们度过的最后一节课。

“林博士，我通过这次的辅导课程，内心产生了一个很大的疑问？事实上其他的同学也是如此。我为了这次小组讨论读了很多的书，但是我反而越来越糊涂了。虽然说没有完美的人，但是我们犯错的地方，好像都是父母错误养育我们造成的。就拿我自己来说吧，我的父母常常说我是最棒的。但是我却不明白所谓的最棒到底是什么；我的父母常常说‘这一切都是因为爱你，才……’但是真正的爱到底是什么呢？我就不得而知了。其他同学也都一样，每天放学，回到空荡荡的家中，然后换好衣服，吃一个桶装泡面就去补习班上课。父母们总是说辛苦赚钱是为了给我们付课外辅导费，让我们接受更好的教育，但是我们真的不能理解。”

“那些，都是父母们为了满足自己的内心需要。”

前边坐着的郑敏突然插话进来。

我很期待接下来孩子们还会说些什么。

爸爸妈妈为什么要那么努力地赚钱

我公寓的正对面有一个24小时便利店。星期六上午或者平时下午，我路过这家便利店的时候，总会见到这样的场景：一些小学五六年级或者中学生模样的男孩子三五成群地聚在一起吃泡面或紫菜卷。晚饭时间，这个场景又会再次上演。我一直以为孩子们对桶装泡面和紫菜卷有着特别的喜好，但是今天听了贤秀的话，才觉得这事有些不太寻常。不光贤秀，其他孩子也说了很多相似的话。

"下午从学校回到家里，这个时间父母肯定不在家。但是肚子又饿得咕咕叫，最为简单的方法便是叫上朋友，一起到便利店吃桶装泡面了。"

"我身边的朋友们大多如此，要赶时间去上课外辅导班，时间紧迫，最为省时、简单的办法便是吃紫菜卷或泡面。"

"妈妈总是对我说冰箱里有现成的饭菜，拿出来吃就行了。但这也不容易，因为时间特别紧。那样做的话，吃完了还得收拾碗筷。"

渐渐地，话题转向了另一个方向。

"林博士，我们的父母为什么要那么努力地赚钱呢？既然那么担心我们的课外辅导费不够，为什么还非得让我们来上课外辅导班呢？真的是不能理解。"

"这个都是因为父母觉得会对你们的学习有帮助，所以才送你们来的呀。"

我话音刚落，就响起了一片反驳之声。

“所有家长都不送孩子上课外辅导班，不就行了。这样就不会为课外辅导费担心了。”

“如果所有人都不上课外辅导班，孩子们要是真的想学习，会自己学习的。这不就是父母们喜欢的自主性学习吗？我们呀，连玩的时间都没有，审视我们自己的时间也没有。正因为如此，有人问我们‘梦想是什么’，都会觉得很荒唐。连让我们思考梦想的时间都不给我们，还问我们梦想是什么，学习的目的是什么。这不是很可笑吗？”

“我觉得特别的矛盾。父母们虽然觉得为了我们才努力赚钱，好像做了很大的牺牲一样，但是我不这样想。这些好像都是父母自己喜欢的说辞罢了。是他们自己决定选择用钱来养育我们，所以才会担心钱不够，担心没有钱交课外辅导费。”

“和朋友聊天时可以看出，基本上没有人愿意上课外辅导班，大家都是按部就班到点就去而已。这都是因为父母让去，所以才去；如果我们不去，父母就会对我们叫嚷。所以，我们根本就不可能有清晰的学习目标……原来课外辅导班应该是那些学习好的学生才来的地方，但是父母为了赚钱，就把我们撇下，这还不够，还要找个地方把我们拘束起来，这不是太可笑了吗？”

孩子们继续说着自己心中的疑问，我只是一边听着，一边点头。如果我说不是这样的，或者训诫他们。我害怕这些孩子会顺势说：“就知道您会这样说，因为您也是长辈，再加上您是从事教育的老师，想必肯定会这样说。”所以我只能点头，或者简单回应他们，看看他们接下来还会说些什么。

“我妈妈要是整天都在家里就好了。或者有时可以到学校给我送一些零食，和我聊一聊学校的事也不错。我上了一天课很累时，希望妈妈能陪我做一些运动或玩一会游戏。晚饭也可以全家人聚在一起吃。不要送我去课外辅导班，这样一来妈妈也就不用勤苦上班赚课外辅导费。我的理想就是做一个在家里养育孩子的女人。”

“嘿，那是不可能实现的，赶紧把这个念头打消了吧。现如今，有哪个女人愿意待在家里呀，他们都吵吵着要实现自我价值呢。你这话要是在女孩子面前说的话，一定会被当成疯子。”

“那么，闵硕的理想是什么？”

我突然间很好奇，这些男孩心中的女性形象到底是什么样的。这个时期的男孩子，他们的理想型伴侣又是什么样的。

“我比较喜欢简单朴素一些的，聪明的也行，但是不能装聪明；我说不生孩子就不要孩子；做事的时候要不动声色；还有就是不顶撞丈夫，不对丈夫大喊大叫……嗯，用我爸爸的话来说就是有智慧的女性？反正就是要达到这种程度啦。”

贤秀和前面的朋友都同时“啪”地拍了闵硕肩膀一下。

“嘿，就这程度？你先甭想结婚的事啦，你太搞笑了。感觉你就像是在梦里徘徊一样，赶紧‘嗖’地一下子回到19世纪吧。”

“真是太好笑了。父母需要经常和孩子们对话，但是如果要问我什么样的对话方式比较好呢？我会回答饭桌上的教育比较好。电视上播出的纪录片中不是也总是这样讲吗，父母不看吗？还是说明明知道，却不那样去做。”

作为参考，我想告诉大家，这些孩子的家庭都是韩国的中产阶级，他们就是我们常说的那种工作等各方面都不错的父母的孩子。

男孩，你触摸不到父母的爱吗？

在听男孩们对话的时候，某个大学三年级男生的故事突然浮现在我的脑海里。这个男生在大学一年级的时候偶然听了一次育儿讲座，讲座主要讲述父母应该怎样教育孩子。通过这次讲座，他学到了一个词语“镜像效应”[①]，然后他就把这个词语巧妙地曲解后用在了自己的身上。

“没错，我之所以成为现在这种样子，都是父母的原因。”

“我现在呈现出的这种样子，原来都是父母的影子呀。”

“我性格这么难接触都是父母造成的。”

就这样，这个男孩把自己每个缺点的形成原因，都归咎到父母那里。把矛头都指向父母后，这个孩子就像又开始了自己的第二个青春期一样，变得什么事情都不愿意承担责任，与父母的摩擦也越来越严重。最后，男孩不得已选择入伍来作为逃避。从和父母分开

① 在自我意识心理学中，人们把由于别人对自己的态度犹如一面镜子能照出自己的形象，并由此而形成自我概念的印象，这种现象称为“镜象效应”。这一效应来源于库利的“镜中我”理论。

的时候开始，到最后真正了解父母心意和他们为自己所做的牺牲为止，这个男孩一直把原因归咎于父母，每天在抱怨和打架中度过。这个男孩之所以把他自己的故事说给我听，其中的核心意义是这样的。

“问题在于父母没有把自己的爱准确、完全地传递给孩子。听了‘上完辅导班回来的吗？’这样的话，基本上没有孩子会认为父母努力赚钱是为了让我接受更好的教育，是为了提高我的学习成绩；孩子不会认同，父母所做的一切都是为了我。”

孩子有时候甚至认为父母的关心都是一种干涉，更何况父母把自己送到自己本来就不想去的课外辅导班呢。父母和孩子在家里碰面的时间很短暂，却要专门通过电话确定孩子是否去上课外辅导班，所以孩子才会有上面那样的对话。问题的根源在于父母和孩子沟通不畅。

“成人在沟通上有时候也会存在这样那样的问题，更何况是作为成人的父母和年幼的孩子之间的沟通呢？父母为了更好地教育子女，会看很多介绍如何教育子女的书籍。孩子们看不到如何教导自己理解父母的书籍，只能通过身边的事例来判断，渐渐地就会觉得不能理解父母的话。其实所有人都应该思考一下，造成这种现象的根本原因到底是什么。比如就我自身来讲，我在20岁出头的时候，一直觉得父母养育我的方法是错误的，因此我对他们有很多埋怨。直到我二十七八岁时，我才终于明白了父母的良苦用心。但是这样的事情原本就不应该发生。特别对于男孩子来讲，成长过程中和父母的关系一旦出现裂痕，哪怕只有一次，也需要花很长的时间来修复。

爱我吗？不爱我！

不要让孩子产生“父母到底爱不爱我”这样的疑问。恋人之间，如果一方心中总是存在这样的疑心——对方到底爱不爱我，那么结局一定是以分手收场。父母和孩子之间的关系也是如此。

尝试着拿出一个小时的时间与孩子面对面聊聊天。这里的孩子不是自己的孩子而是和别人家的孩子，听听看他会怎么说。认真倾听其他孩子的话，有利于教育好自己的孩子。

“我们说的话，您会对我们父母保密吧？我们的妈妈和林博士您之间的对话，她都像医生保守病人秘密一样，绝对不说的。”

贤秀向我确认时说道。

看样子，孩子们都特别有孝心，怕自己说的话伤了父母的心。虽然很幼稚，但是我还是向孩子们解释道：“我和你们父母之间的关系不是私人关系，而是专家和学生的关系。”

这些孩子又提出了一个问题。

“‘养育’这个词听起来很不舒服，一听到这个词就会觉得父母好像可以随心所欲地操纵我们一样。我们成长过程中自己慢慢领悟、学习的地方不是也有很多吗？”

听完这句话，我觉得有必要给孩子们简单解释一下。

“那个词语虽然听起来感觉有些负面意味，但它所蕴含的正面的、积极的意义很大。父母是需要承担责任和义务的人，在孩子成年之前，父母的责任尤其重大。为了不让孩子饿肚子，要为孩子提供食物；要为孩子准备睡觉的地方；还要为孩子提供一年四季的衣服；孩子到了一定的年龄要送孩子去上学；孩子生病了要送孩子去医院，并且支付医疗费；等等。为了更好地养育你们，父母有义务无论是在物质上还是精神上都要尽力支援你们。所以‘养育’这个词很贴切。从你们的内心、立场来看‘养育和被养’，好像处在被动和受操纵的位置，这些我都理解。但人是绝对不会自己慢慢长大的。虽然你们感觉人类会像自然界的事物一样，自然而然地长大，但是人类如果不接受教育是不会长大的。父母是养育你们的人，也是你们的第一任老师，同时也是你们经济上的支柱。你们知道，一旦成为了父母，自己所有的一切都要与别人共享。更准确地说，要尽可能和孩子吻合。和孩子分享时间、食物，居住环境也要首先考虑孩子，钱也是先紧着孩子使用，万事都会把孩子放在第一位。所以说我们常常会使用‘牺牲’这个词。我更愿意在这前面加上一个修饰词，应该是‘伟大的牺牲’。这其实是很困难的。如果没有子女，只有夫妻两个人，就是我们所谓的丁克家族（DINK：double income no kids）的话，还会有我前面说到的问题吗？更为残酷的是，即使父母把自己全部的心思和物质都给了孩子，孩子也未必理解父母的劳苦。”

紧接着我又在这么长的解释后面加上了这么一句话：

“当然，我的这些话也不是完全为了讲给你们听才说的。”

“唉，这和我们之前听的话都是一样的。其实我们都明白，父母是爱我们的。如果父母多站在我们的立场上考虑一下的话，可能会把我们养育得更好。”

“哎呦，你开始使用养育这个词了呢。”

“这么看来，‘养育’这个词语很对呀。”

倾听男孩子讲话的理由

孩子所说的“自己学着慢慢长大”，其实还是有一定道理的；父母想要把孩子养育好的愿望，也是毋庸置疑的。所以，要想方设法缩小两者之间的间隙。那么形成两者之间间隙的原因到底是什么呢？就是因为“父母虽然爱孩子，但是却不能把这份爱原封不动地传递给孩子”。孩子们大多都是单纯率真的，你只要好好地和他讲，他会明白的。爱，就是这样。虽然所作所为都是在向对方表达爱意，但是如果不能正确地传达给对方的话，那么无论是传递爱的一方，还是接受爱的一方都应该好好地检讨一下。

如果孩子感受不到父母的爱，那么当父母告诉孩子“你做错了”时，孩子只能当成是父母在责备他。仔细想来，需要先改变的一方是父母。父母应该观察一下是否在细微之处也给予了孩子关心，仔细想一下和孩子说话的时候，到底应该使用什么样的语气才更合适。和孩子说话时，不要刻意提高话尾的声调，最好不要总对孩子使用命令口吻，而要

用征求意见的口吻 。对于讨厌去补习班的孩子，父母要找个时间和他敞开心扉谈一谈。不去上课外辅导班的话，孩子的成绩就会落后。这是父母的一种偏见，父母要摒弃这种偏见，也不要轻易断定孩子不去上辅导班是因为讨厌学习。父母要承认自己确实没有认真地听过儿子是怎样想的，要像对待公司同事，或者具有独立人格的人一样开展和儿子之间的对话。

从儿子意识到你把他当成小男子汉看待的那一刻开始，他会更加严肃地对待父母的话，从而更加有责任感。但如果父母总是以长辈的身份凌驾于孩子之上，像操纵木偶一样操纵孩子，那么只会让孩子变得唯命是从、毫无主见，只会导致孩子无论做什么事情都会发牢骚，无论做什么事情都会优柔寡断，自己做不了决定，最终使孩子成为那种完全依照父母意志长大、没有独立人格的孩子。

“没错，是这样的，我也应该听听你的意见。”父母想。

“我就知道是这样，和爸妈的谈话都是什么呀。”孩子心里暗下结论。

亲子之间如果是这样的关系，是不可能沟通好的。如果把孩子当成一个有独立人格的人看待的话，孩子自然而然就会提出成熟的建议，并且对自己所承诺的事情承担起责任。父母如果不去确认孩子是不是感受到了自己的爱，亲子之间终究会被委屈、失望、埋怨填满。应该能让儿子说出这样的话才行：“我能长这么大，都是托父母的福。”

贤秀和朋友们，短短两周的相处时光结束了。作为最后的告别，我笑着拥抱了他们每一个人。这“三个男人”传递给我的感觉要怎么形容呢？踏实？喜悦？安心？是包含这三者的“感动”！这些男孩子都拥有优秀的品质。他们敞开心扉、满怀真诚地接纳了我，让我度过了一段愉快的时光，真心感谢他们。

TIP

★把爱传递给孩子的秘诀

婴幼儿时期和刚上小学的孩子

1. 常常看着他们。

这个时期，比起尊重他们，直接看着他们更能让他们感觉你在关心他。

2. 和孩子四目相对时，冲孩子微笑。

微笑会向孩子传递正面的信息，父母想让孩子变得积极乐观的话，就要帮助他形成自信心和自尊心，这也有利于父母传达爱意。

3. 称赞孩子。

称赞源自对孩子的关心，这有利于和孩子之间形成情绪上的纽带。有了这条纽带，有利于父母爱意的传达。

4. 常常紧握孩子的手。

身体接触中最容易传达爱意的便是牵手。皮肤接触有利于使人体内的幸福荷尔蒙血清素活跃，牵手会让父母和孩子都感到幸福。

小学高年级的孩子和中学时期的孩子

1. 经常和孩子对话。

说话的时候态度要和蔼。对于随时话里都可能放出“毒箭”的青春期的孩子来讲，更加需要感性一点的对话。“是从补习班回来的吗？”比起这样的话，不如换成：“吃饭了吗？”“今天过得好吗？”来开启对话。

2. 尊重孩子。

用怎样的态度对待男孩子，他们就会用怎样的态度来对待你。这个时期的男孩子很讨厌父母把他们当成小孩子来看待。应该多和他们讨论，多听听他们的意见。有时候需要小心翼翼地对待他们。

3. 称赞他们。

与幼儿时期和小学低年级时那种夸张的称赞和恭维不同，只需要淡淡的称赞（认可）即可。没有一个成年人不喜欢被人称赞，更何况是那些装成小大人的青春期孩子呢？

4. 不要指责孩子，刺激孩子“欲望脑”的发展。

这个时期孩子大脑中掌控欲望的区域空前发展，这个区域发展的好坏直接决定孩子的未来。就算批评孩子，也不要太过分。“你也不照照镜子”之类的话不仅会伤害孩子的自尊心，还会破坏父母和孩子之间的关系。“妈妈您知道什么呀？”“其他的孩子都这样穿！”“您怎么又唠叨啊？”……听到这样的话后，不要助长孩子的逆反心理，那么就放任不管？没错，就由着孩子去。等到孩子穿了妈妈觉得不错的衣服时，妈妈当场就要表态：“哎呀，我们儿子这样穿真帅！”

5. 这个时期和孩子保持适当的距离就是爱孩子的表现。

旁边谁的孩子，前面谁家的孩子……就像对待自己身边那些男孩子一样对待自己的孩子就行了。这样做并不是不关心孩子，而是和正在度过这个时期的孩子避免正面冲突。发生正面冲突的话，只能导致两败俱伤。

04

只在心情不好的时候才叫孩子姓名的全称

“喂，金权洙！”

“喂！不要那样做，李正宇！”

孝俊心情好的时候，就会喊“我的朋友”，或者“权洙”；心情不好，或者发火的时候就会连名带姓喊朋友的名字。

“喂，闵孝俊，你为什么不叫我正宇，非得连名带姓叫我李正宇。”

“没错，还会提高声调那样叫，让人听了心情很不好。”

“喂，你们两个不就那样叫我吗？你刚才有没有那样叫我？”

三名小学一二年级模样的男孩子相互拍着肩膀打闹着经过我的身旁，一下子让我思考起我们叫别人名字的习惯问题。

父母连名带姓地叫孩子，意味着父母心情不好？

3名还在上小学的男孩子到底是怎样结束这场论战的？我真的很好奇。也正是因为这样，于是关于我们平时是怎么称呼孩子的问题，我脑子里突然闪过这样那样的几点想法。

关于如何称呼孩子的名字。

大概一天当中得叫好几十遍孩子的姓名吧。叫对方名字，这种高频率的“搭话”方式，在过去那么长的一段时间里，居然从来都没有留心过。我之所以思考这个问题，不仅仅因为刚才的小插曲——那几个小学生在我眼前上演的对话。

“我妈妈也是这样。”

“哦，我爸爸也是这样，真生气的时候，‘喂，李民基，你给我过来！’就会这样叫我！”

“心情好的时候，就不会这样叫我，只会叫‘民基呀’。”

连“姓氏”这个词还说不出来的7岁男孩子都这样说。事实上，长辈们生气的时候或者有什么注意事项要说给孩子听的时候，就会连名带姓地呼唤孩子。和前边提到的男孩子说的一样，前面还经常会加上令人感觉很不亲切的感叹词：“喂！”但是仔细想来，这种不亲切、让人心情不好的叫法，发生在男孩身上的频率要比发生在女孩身上的频率高。“喂，李民基！”喊这句话的时候，父母已经开始发火了。一定要懂得这样叫孩子对孩子意味着什么，如果不知道，就会认为孩子不会有什么想法，会习惯这样叫孩子：

“喂！金权洙。”

“喂！闵孝俊。”

父母们以这种形式称呼孩子，或许觉得没有什么关系。但是孩子们可不这样想，他们的感觉是不一样的。就像文章开始时提到的那3个男孩子，当听到别人连名带姓叫自己时，感觉将会收到不好的信息，心情会开始变坏。

事实上，人的姓名就是由“姓”和“名”两部分组成，呼唤的时候就应该叫全名。但是孩子为什么会认为只有在对方心情不好或者生气的时候，才会叫全名呢？

只要想想平时父母习惯怎样叫孩子的，便可以理解了。忽然间，我觉得犹太人叫孩子姓名，或者把孩子介绍给他人的时候是很有教育意味的。

犹太人从很小的时候就开始规划未来。

有一天，犹太人母亲汉娜用保姆车推着他的双胞胎在街上走，遇到了邻居家的女主人。

“哎哟，孩子们真可爱呀。他们都叫什么名字呀？”

汉娜是这样回答的：

“这个孩子是医生贝尼，这个孩子是律师罗宾。”

拜读完主播申恩京所著的《神圣的演讲》之后，我感触很深，特意节选了其中这么一段小故事。像故事中这样叫孩子的名字好像也很不错。“祝福”一词用拉丁文来讲是“benedicture”，其中“bene”的意思是“好、不错”，“dicture”的意思是“说话”。“说好话”就是祝福的意思。用一些含义不错又能描绘孩子未来的词称呼儿子，您觉得怎么样?

要记住当时是怎样呼唤孩子乳名的

一般来讲，孩子还在妈妈肚子里时，父母就已经给孩子起好名字了，这就是我们常说的“乳名”。夫妻俩给孩子起的乳名一般都包含了特殊的寓意，便于给即将出世的孩子传递爱意。请想象一下，准爸爸将耳朵贴在准妈妈肚子上呼唤孩子乳名的场景吧。自己心爱的丈夫靠近自己，呼唤着孩子的名字，即将成为妈妈的妻子内心该是多么幸福。那个时候，恐怕连妈妈肚子里的宝宝也能感受到这种幸福吧。

孩子出生后的一段时间里，父母都呼唤孩子乳名。父母贴着孩子的头、抓着孩子的手、望着孩子的眼睛、爱抚着孩子的身体时，都会不停地想：“到底该给孩子起一个什么样的名字呢?”有时候长辈们会想给孩子起一个充满深刻汉语语义（韩语发音有相对应的汉字）的名字，然后不停地唤孩子，看看语感如何；有时候又想到将来孩子可能登上国际舞台，又想给孩子起一个英语发音的名字，还要发音不是那么太难，寓意还好，于是便会反复地筛选孩子的名字。

有一阵子，很流行用韩国固有词汇[①]给孩子取名字。在这段时间里，很多妈妈和孩子的爷爷奶奶甚至会发生摩擦。因为妈妈和孩子的祖父母会分别叫孩子不同的名字。甚至有些孩子过一百天的时候，仍旧有两个名字。所以说每一个名字的由来都饱含了人们全部的真诚和期望，甚至承载了整个家庭的心意和祝福。这么看来，所有人的姓名，其实都是不平常的。

但是，随着孩子一天天长大，不知道从什么时候起，孩子的名字好像不再含有爱意和深情，变成了一个只供别人呼唤的代名词。父母生气或者看孩子不顺眼时，孩子的姓名在那个时候甚至还得承载父母的坏心情。

天啊，这个名字到底是怎么取的，孩子的名字里爱的踪迹消失得无影无踪。甚至于孩子有时候听见父母呼唤他的名字，会想："听这话音，像是讨厌我啊。""父母生气了啊！"如果父母再连名带姓地呼唤孩子，孩子甚至会觉得要做好挨批评的准备。

请重新回忆一下当我们叫孩子乳名的时候吧。你会想起当时我们话语中包含了多大的爱意和祝福。给孩子取名字的时候，第一次叫孩子正式名字的时候，我们的心情是多么激动、多么幸福。再联想一下自己平时是怎么叫孩子的，你就会意识到自己犯下了多大的错。

我们孩子的名字绝对不是随便叫的，而是饱含深意的。对于孩子来讲，名字也不仅仅是个简单的称呼。所以叫孩子姓名的时候，一定要留

① 韩语大体分为三大类：固有词，由所在地民族自行发明并使用，不是从中国或者其他国家传入的词汇；汉字词，从古汉语中派生出的词汇，有相对应的汉字；外来词，从别的语言借来的词汇，主要以英语为主，根据英语发音形成的韩语单词。

心。孩子就是这样，年纪越小，越是能够把父母的一言一行全盘吸收。

叫孩子姓名的时候请饱含期望

如《祝福的语言》一书中描写的那样，在孩子的姓名前加上具有祝福意味的词语后，再呼唤孩子的名字会怎样呢？ 这里面有不容忽视的指代意味。母亲不仅要在孩子名字前面加上表达希望孩子有美好未来的词语，还要在心里装上满满的祝福。给孩子名字前面添加的词语不是表现父母“过分欲望”的、也不是对孩子来讲很过分的，而应该是给孩子树立正确人生目标的、包含父母深情祝福的词语。还有，不要忘了不能用食指指向孩子，而是把手掌伸平，郑重地指向孩子。

我们经常听到这样的话：“按我说的做。”我们也很清楚地知道说话者的言语会经过听话人的大脑，进而影响他人的行动和状态。正面的、积极的话会带来好的效果，所以我们要努力对孩子说有益的话。每次呼唤孩子名字的时候，都给孩子灌输祝福和希望，传递正面的、积极的信息。我们要不要试试看呢？

孩子有相当强的模仿心理。如果别人夸他很帅的话，他会得意扬扬。所以请赋予他名字更多的意义。女孩子一般不喜欢什么事物都会直接表现出来，所以父母能够在事前就做好准备、防止犯错误。但是男孩子一般不会直接表现出来，有时候虽然感觉不爽，但是因为不知道该怎样说，也会默默地忍下去。所以，很多父母以为儿子迟钝，其实只是他不善表达罢了。

男孩，总是有着无限的潜力。当孩子上五六年级的时候，你会发现男孩子甚至比女孩子更善于骂人。这都是他们平常从父母那里学到的，和自身男性气质相结合结成的恶果。

平时请叫孩子的姓名吧，但是真到生气的时候，要少那样叫他。不要只在冲他大声说话的时候才叫他的名字，也请在平时就饱含深情地叫他吧。这个方法在孩子过了10岁之后也就没什么效果了。越是年幼的孩子，越推荐孩子的父母用充满希望和称赞的口吻呼唤孩子。这也是养育孩子的方法之一。因为这样的叫法里面承载了父母希望自己能够带给孩子好心情的良苦用心。那么应该怎样称呼孩子才更好呢？就请用孩子的长处、梦想、喜欢和关心的事物做孩子姓名前的修饰语吧。当然，所选择的词语一定要符合孩子的心意。

在孩子名字前加上修饰语叫孩子，只有在父母长期观察下才能够自然地说出口。而这需要父母在照顾孩子的过程中，更加细致、更加真诚，才能收到更好的效果。当然在这个过程中，我们的孩子只有收获更多的关注和关心，才能健康成长。有这么一句话：庄稼也是听了农夫的脚步声和说话声才会噌噌地生长，恐怕也是这个道理吧。

孩子吃饭的样子很乖，就可以说“吃饭很乖的敏贤”；孩子喜欢组装玩具，就可以说“擅长组装的民载”；还可以称赞孩子是“擅长整理的‘整理能手灿民’”；等等，修饰语是无穷无尽的。把称赞意味的修饰语放在孩子名字前面呼唤孩子，也利于父母爱意的传达。

请从现在这一刻开始这样做吧。父母以称赞的方式向孩子传达祝福，在孩子发育的不同阶段，效果也是有差异的。对于10岁之前的孩子来讲，一张小小的贴画，就可能让孩子错过养成好习惯的大好时光；但对于10岁之后正在懵懂中寻找自我的孩子来讲，即使突然出现一张闪烁的贴画，他也不会有丝毫的兴趣。对子女的教育也应该分时期进行。那么，就请从孩子热烈盼望的那一刻开始吧。

Tip

★10岁之前，请在孩子名字前面加上具有肯定意义的修饰语

根据孩子发育阶段的不同，可以在他名字的前面加上不同的修饰语。对于10岁以后的孩子来讲，就不需要加修饰语了。

1. 婴幼儿时期

主要以好的生活习惯作为修饰语称呼孩子，例如，很会刷牙的敏洙/擅长整理的载民/不挑食的盛宇/守信用的佑镇等。

2. 小学低年级

主要以孩子的梦想为修饰语来称呼孩子，不要以父母的欲望为主，否则会产生负面效果。主要考虑孩子喜欢的，而不是父母期望的。例如，未来的科学家载勋/音乐家敏哲/NGO活动家元昊等。

※父母呼唤孩子姓名的时候，比起孩子姓名前的修饰语来，父母的“心意”更加重要。

05

用称赞平息不好的状况

载振特别擅长夸赞别人。

朋友整理东西的时候，载振会说："民宇，你把东西整理得真好。"

朋友画画的时候，载振会说："美珠，你画得真棒。"

朋友洗手的时候，载振会说："智硕，你手洗得真干净。"

朋友吃饭特别慢，载振会说："美娜，原来每一口饭你都嚼得很认真呀！"

载振就是这样，经常称赞身边的人。

有时候，他说话的口吻还特别像幼儿园的老师。（后来才知道，原来他是在学习奶奶说话的口吻。）

就连老师也在教师会议上坦言，要向6岁的载振学习称赞别人的方法：

"当我看到有的小朋友吃饭特别慢的时候，我除了说'快点吃'之外，不知道该说什么。载振比我要强，在他那个年纪，居然会想到小朋友是在认真咀嚼，而不是吃得慢。怎么可能呀？因为载振，我现在说每一句话时都会感到紧张。"

听完老师的话，我也觉得很感动。

载振怎么这么会称赞别人呢？也正因为如此，载振在朋友间很受欢迎。

称赞虽然容易，但也要讲究方法

几年前，看过一个关于“称赞”的纪录片，给我留下了很深的印象。我也在父母教育课上提及这个事例。父母称赞孩子“你做得真棒”之后，便无声地看着孩子，好像不知道接下来该说什么或者又好像在找还有什么方面可称赞。“太帅了！”说完这句话后，接下来该说什么又不知道了。

来听父母教育讲座的父母几乎一致认同这个观点：“称赞，不是一件容易的事。”但是每个人都明白称赞的重要性，并且肯定称赞的力量。认可和称赞是父母教育的中心主题，所有的父母都应在这两个方面不断地下工夫。这一切全都是为了更好地养育孩子，并且做这些也并不需要花钱……

虽然有些父母认为称赞不就是那么回事，没什么难度。但当父母真正当着孩子的面称赞他的时候，却感到特别难为情。那么，长久以来父母是否就因此没有称赞孩子了呢？毋庸置疑，当然不会。到底父母都是以什么理由和哪几句话来称赞孩子，并且在几句话过后就露出茫然的表情了呢？

孩子正在画画，爸爸坐在孩子的面前。为了彼此有一些互动，爸爸开始和孩子对话，并且自然地称赞道：

“真漂亮啊，画得真棒！”

然后继续默不作声地看孩子作画。过了一会儿，孩子首先绷不住了，然后出现了这样的情况：爸爸看着儿子，儿子望着爸爸。这要是换了妈妈的话，会不会做得会比爸爸好一些呢？妈妈们答道：“平时还是会尝试着多称赞一下孩子的。”所以说爸爸们是不是应该反省一下呢？

所有的事情，都可以成为称赞孩子的话题

我在育儿中心做父母教育的特别讲座时，在和父母行完礼后，我会立刻给每一位家长发一张白纸，交代大家在两分钟内把自己生活中称赞孩子的话写下来，所有的父母都在那里认真地写着。两分钟很快就过去了，我问大家有没有写六条以上的，可以到前面来给大家读一下。一个都没有。大部分人都写了不足五条。

讲座结束的时候，我又重新让家长们写了一遍可称赞孩子的话，这次同样也是两分钟的时间。第一个写完的家长按惯例要做发言。还没到两分钟，就有一个妈妈把手举了起来，请求发言。这位年轻的妈妈和我并排站在一起，面向大家，开始朗读她写的称赞孩子的话：

“能够好好吃饭；和妈妈分开也不哭不闹（听这位妈妈说，自己不在的时候孩子和奶奶相处得很好）；走路走得很好；玩得很好；孩子很喜欢自己的爸爸。”

据这位妈妈讲，她的儿子才22个月。称赞一个只有22个月的孩子，在听讲义前对这位妈妈来说还是很困难的，因此这位妈妈当时只写了一条称赞的话后，就再也想不出其他的话了。这位妈妈当时甚至

还想问："称赞这种事情，不是得等孩子稍微长大点，才能从孩子身上找到更多可称赞的地方吗？这是一个不公平的问题。"但是等到这位母亲听完讲座后，完全改变了想法。她说如果再多给一些时间，她可以写更多。"排便很不错；午睡很乖；自己可以吃饭；开始尝试自己穿鞋；自己一个人可以很开心地玩玩具；擅长乱写乱画；很爱笑"等等。

"但是在听讲座前我从来都没有想过这些方面能成为称赞孩子的话题。我们提起称赞孩子的话，无非只能想到这些：真善良啊；做得真棒等等。如果是女孩子的话，会说一句：真漂亮啊；如果是男孩的话，一般会说：真帅，或者真勇敢。但是听了讲座，我觉得所有的事情都可成为称赞孩子的契机。如果单单只是想着称赞的话有哪些，很快'本钱'就会露底，所以我对这句话印象很深刻：'使用什么样的话称赞应由不同的情景决定。'勉强称赞孩子，只会收到相反的效果，孩子听了之后会产生负担，这样一来父母也会很累。"

这位妈妈收获了雷鸣般的掌声，我也由衷地对这位妈妈的表现表示了欣赏。

"她把我的讲义内容总结得如此精辟，真的很感谢这位母亲。"

讲座前后，大家发生了明显的变化，也正是这样的变化让父母和作为主讲人的我度过了愉快的周末时光。

在日常生活中，几乎任何时候都可以找到称赞孩子的话题

那天讲座的主题是：“父母的话。”上课过程中，之所以要让所有的家长写下自己最熟悉的称赞孩子的话，是为了让家长们用肯定的目光和称赞培养孩子的自尊心和正面思维方式。这样做有利于孩子在成长过程中形成正确、完善的人格。孩子在学校被孤立，或者遭受学校暴力，有时候也是因为某些话引起的。所以我们又专门拿出了一段时间来讨论如何对孩子进行称赞。

很多父母认为，“知道称赞对于孩子的好处，但是找不到可以称赞孩子的材料。”所以我举了例子向父母们展示，到底该如何在不同情况下称赞孩子。

“当孩子玩得满头大汗回来时，应该怎样称赞他？”

“……”

“要针对这种情况对孩子进行暗示。”

然后，我回答道：

“看你满头大汗的，一定玩得很开心吧。”

我说完，教室里顿时笑声四起。

“好的，就这样做。但是如果孩子是在没有完成作业的情况下出去玩的呢？这时候也这样称赞他吗？”

“……”

“这种情况下，不要勉强自己称赞孩子。因为父母本来并不想称赞孩子，但是也请不要责怪孩子。那么这种时候就把嘴闭上不说话吗？这

种时候只要对孩子进行客观的描述即可，只说‘出了很多汗啊’就完全足够了。剩下的话就请不要说了，诸如：你怎么没完成今天应该完成的作业；我让你看的书，你怎么没看；整天就知道玩……否则的话，不要说做一个随时随地根据情况称赞孩子的父母了，只能沦为满口唠叨的那种家长。”

虽然父母表面看起来都乐了，但实际上心里面一定认为：为人父母不是一件容易的事。事实也是如此。虽然任何人都可以成为父母，但是真正成为尽职尽责的父母却很难。请不要担心，孩子和父母一样都是人，只要是人就会有想法。父母常这样说：“你到底有没有想法？动没动脑子？”虽然他们还没有像父母一样成熟，但是绝不迟钝。所以当孩子听到父母说“出了这么多汗啊”，他自然就会盘算接下来的事情——“先去洗个澡，然后把作业完成了。”但是一般的父母绝对不会等孩子自己主动去计划或者实施，因为他们已经片面地、主观地断定：“只要我不说，他就一定不会主动去做。”父母总是觉得只有对孩子下达命令和指示，自己心里才舒服；总是在孩子行动前，就已经让话语先行一步。

“快点去洗个澡！什么时候做作业啊？怎么事事都要让人吩咐才做，就不能主动点，明明都知道……”

不要让这种话破坏了孩子和父母之间的气氛，因为孩子没有做作业就去玩，已经是既定的事实了。作为成年人，虽然可以尽情地玩，但是根本就没有玩的兴致和时间了，就连做个运动，也要当成一件正儿八经的事情列入时间表里。还不如就愉快地接受事实，维持好与孩子间的良好关系。再说，孩子是靠着激励和肯定成长起来的，切莫让指责和批评降低孩子做其他事情的信心。

故意找话题称赞孩子吧

养育儿子的过程中，你就会发现："万事都需要叮嘱。"这里，我突然想起一个家长和我之间的一次对话。"儿子的两个姐姐，在我还没有了解应该怎样养育孩子之前，她们就已经长大了。但是感觉养育这个儿子好像比养育两个女儿还费劲。"这位妈妈这样说道。

"就算使尽浑身解数也找不到儿子什么地方值得称赞。"

这位四十五六岁的母亲之所以这样说，是因为她不爱她的儿子吗？当然不是。这个孩子，是这位母亲千辛万苦，做了很多努力最后才得到的。对这位母亲来讲，儿子肯定是珍贵得不可言喻。但是当我和这位妈妈谈话结束后，她却觉得孩子身上有很多值得赞许的地方："不挑食；玩得很好；会使用筷子吃饭；无论吃什么，都吃得很好（不把食物弄到衣服上）；嚼东西很认真（即使孩子吃东西很慢，也绝对不要责怪他，让他快点吃）……"可以称赞的地方，就像没有尽头一样。并不是没有什么可称赞的，而是不去主动寻找罢了。妈妈之所以看不到孩子的长处或者优点，主要是因为总把注意力放在孩子"学习"什么东西，或者"学习"做什么事情的效果上。只要稍微转变一下观点，你就会发现儿子是多么的出色，身上有那么多值得称赞的闪光点。

“你大便不是排得很好嘛。”

“妈妈，你怎么能说这种话。”

“智敏呀，你知道你大便排得好是多么大的优点吗？你知道为什么电视上面兜售便秘药的广告总是标榜人吃了以后可以变苗条、变漂亮吗？只要你大便排得好，你也可以变成美人的。你看你与生俱来就拥有了能够成为美人的体质。听说过‘腹部美人’这种说法吗？无论再怎么想变苗条，如果不能按时去卫生间的话，也是不能如愿的。如果总吃治疗便秘的药，身体会紊乱，长此以往，就会落下病根。所以说我的女儿拥有多么大的优点呀？你一辈子都不会为了自己有一个装满粪便的大肚子而感到烦恼。”

“呀，妈妈，不要再说了！你的解释实在是太长了。”

就算是这样，智敏仍旧用手摸着自己的肚子，甚至把自己的肚子挤成一座“小山峰”，来看看到底什么样。

“但是，妈妈我的肚子真的平平的。您知道的吧，有的朋友虽然看起来很瘦，但是腹部却很肥胖。整个肚子的肉推到一起，看起来就像瓢扣在上面一样。但是我的肚子，无论再怎么把肉推到一起，还是什么也没有，只有腰部。不信您看看，快看看嘛。”

“你看，妈妈说的话没错吧？而且，你一辈子皮肤都不会出现问题，所以说大便排得好是多么大的优点，这下你知道了吧？”

妈妈针对上中学的女儿智敏排便好进行称赞，这要是运用到儿子身上会怎么样呢？聪明的妈妈会不遗余力地帮助孩子增强自信。那么这样一来，妈妈会不会因为称赞的东西太多，而变成话痨了呢？当然不会，请尽情地称赞孩子吧。尤其是对于男孩来讲，称赞永远不会变得多余，越多越好。男孩成长为男人之后，只要听到赞扬的声音都会发生改变，更何况年幼的男孩子呢？男孩子听到赞扬的声音，可以更加茁壮地成长。

称赞就意味着关心，只有关心他的时候，你才会清楚地看到儿子的一切，进而把“全部的爱意”畅通地传达给儿子。赞扬对于儿子自信的形成也能起到很积极的作用。称赞儿子，是将儿子培养成帅气男子汉的重要开始。

TIP

★称赞男孩的要点

1. 根据情况称赞孩子，肯定孩子当前的一切行为。

◆ 对于能按时完成作业的孩子：“原来作业全都做完了呀。”

◆ 对于玩得满头大汗回到家的孩子：“一定很投入地运动了一番，你看出了这么多的汗！”

2. 根据情况批评孩子。

要善于发现孩子做得好的地方，避免先挑毛病。

◆ 对于作业都完成了的孩子：“看哪里呢，做你该做的事。”

首先应该针对孩子把作业做完的事实进行称赞。

◆ 对于玩得满头大汗回到家的孩子：“你每天就知道玩，打算什么时候开始学习。”

玩耍也是需要花费力气的，首先先肯定孩子这一点。

3. 根据情况称赞孩子所产生的效果

此时此刻的效果

现在来讲充实称赞孩子的话料，正是认为他很重要的一种正面表示。所以请现在就称赞你的孩子吧！

强化正面的效果

对于学习的效果来讲，存在强化正面（称赞）和强化负面（惩罚、训诫）两种情况。如果孩子在某件事上得到表扬，那么他就会反复地想要做这件事。所以称赞孩子吧。

★孩子是不会分析什么情况自己应该被称赞，什么时候不应该得到称赞，而是会用心地全盘吸收。所以在不同的情况下用不同的话去称赞你的孩子，效果更好。

06

猪妈妈离开家

今天儿子又是只刷了牙没有洗脸就从浴室里面出来了。

“洗脸了吗？”

“哎哟，一下子给忘记了。”

儿子又急急忙忙地冲进了浴室。

不仅今天是这样，这一幕好像每天都会上演。

丈夫今天又像蛇蜕皮一样，把穿过的衣服脱下，团成一团放在卫生间前面。直到他洗完澡之后过了好一阵儿，也没有见到他收拾。今天打算就这么等等看。到了大约晚上10点，丈夫进出了一次卫生间，可是他脱下来的衣服仍旧纹丝不动地堆在那里。妻子心中忍了又忍最终还是张口说道：

“老公！你这衣服打算什么时候拿到洗衣房去呀？”

“啊？什么衣服？”

“就是你洗澡前脱下来放在卫生间前边的。”

“哪里呀，什么时候的事呀？”

简短的回答让妻子的肝火一下子就升了起来。

“哎呀，你真是太过分了。怎么能每天都一个样。到现在为止你有没有一次把衣服拿到洗衣房去？”

“不是你说的那样，我只有今天忘记了。每天我都是把衣服放在洗衣房的。”

这个情景简直再熟悉不过了，稍微夸张一点说，每天都一样。

儿子早上的自画像

韩江的妈妈说，自己的儿子每天早上6点半起床。起床时间这么早，其他妈妈一听都感到很是羡慕。

“天啊！多好啊。孩子不用人叫，自己就能起床，真是太好了！”

“每天叫孩子起床，是件多么费力的事情，韩江的母亲多么幸福啊。韩江这孩子还真是勤快。”

勤快？这个词语的标准还真是有些模糊。如果起得早就能算是勤快的话，其他母亲的话也没错。但是韩江的母亲却认为自己的儿子7点或者7点半起床自己才高兴呢。

韩江妈妈说，儿子一大早起来之后，总会弄出“叮叮当当”的声响，吵得家人连睡个懒觉也变成一件奢侈的事。但在其他妈妈来看，都觉得是韩江妈妈不知足。

“韩江的妈妈好像太不知足了。小孩子早晨都不想起，早晨叫醒他，简直就像打了一场战役一样。睡懒觉的孩子如果前天晚上把书包里的东西整理好了还好，如果早晨起得很晚，还要再准备上学需要的东西，那么这个早晨就变得有些可怕了。”

韩江的妈妈好像也被弄糊涂了。

“我看起来像是享福耍赖的人吗？”

实际上，早晨6点半就起床的韩江和其他睡懒觉的孩子没什么两样，每天早晨都会为了准备上学需要的东西而把整个家庭拖进一场战争。

当韩江妈妈打开儿子的房门时，韩江正在玩着组装玩具。

“韩江呀，你还不快点准备上学需要的东西？”

“妈妈，现在才几点钟，你就让我开始准备上学需要的东西了？”

这样说的时候，韩江还会用手指指墙上的表。

“那你书包整理了没有？”

“才几点钟，你就开始让我整理书包了！”

“那你要等几点整理？一般来说昨天晚上就应该把书包整理好，非得拖到上学前才整理书包吗？”

“好的，知道了。每次都说一样的话，妈妈可真是……”

真不知道每天都有谁重复着这样的话，每天又有谁的家里重复上演着上面这一幕。韩江妈妈没有得到自己想要的答复，便会选择先让步，毕竟不想一大早就让自己看起来很唠叨。

妈妈洗完了澡，又开始叫韩江。

“韩江啊，你现在洗漱吗？妈妈洗完了。你得快点洗漱，才能和爸爸一起出发呀！”

“……”

没有听到任何回音，妈妈再次打开了韩江的房门。这次，韩江正在看书。

“你干什么呢？还不赶快去洗漱！”

“知道了，但是妈妈你看不到我正在看书吗？为什么每天都要问我正在干什么？”

“……”

“干什么呢？”这是我们习惯说的口头禅，但和我们正式发问的

“你现在正在做什么”的句式完全不一样。儿子并不是想和妈妈发生争吵，而是觉得妈妈喊他洗漱的声音很烦，所以才故意挑起是非。这种情况下，没有别的办法，只能是妈妈再次让步。

“知道了，你先洗漱去。”

“先？那我然后干什么？”

孩子满脸怨气地合上书，站了起来。

“然后整理书包。”

“妈妈‘然后’的弟弟又是什么（做完了这件事，再做什么事？）”

“按照顺序，一件件来，怎么了？”

“妈妈只喜欢说‘然后应该做什么’。”

妈妈听了这些虽然很不高兴，但是只当成是儿子对自己的一种考验。好不容易将儿子送进浴室之后，不一会儿丈夫就起床了。儿子从浴室出来的时候，妈妈看到儿子的脸上还有没清洗过的痕迹。

“你洗脸了吗？”

“哎哟，忘记了。”

到现在为止都说多少遍了，儿子居然只刷完牙就出来了。

爸爸早上的自画像

“韩江，你稍微变换一下洗漱顺序，先洗脸再刷牙……妈妈要是不提醒你，你是不是每天都不洗脸就上学呀？是不是？儿子。”

“好的，爸爸。”

爸爸用手摸了摸儿子的头，一转身进浴室了。

“老公，这个你不是要穿吗？”

“什么呀？”

韩江妈妈把一件睡衣拿到韩江爸爸眼前。

“这个，我说的是这个！”

“啊，这个呀！”

就像什么也没有发生一样，丈夫从妻子手里把睡衣拿了过去。

“你虽然说‘啊，这个呀’，但其实话语中透露的意思是‘老婆你就帮我准备了呗’。大人和孩子，为什么所有的男人都是这样？”

但是，没有一个人听到妻子说的这句话。因为丈夫已经回到了卧室，儿子也已经回到了自己的房间内。

“全都快出来，吃饭了。”

没有听到一个人的回答，于是妈妈再次朝儿子的房门走去。打开儿子的房门，展现在妈妈眼前的是这样一种景象：书包敞开着，韩江自己正坐在一旁看书。

“韩江，你不赶紧穿衣服，干什么呢？书包都整理完了？”

韩江看到妈妈，便装作很忙的样子开始行动起来。

“我正在整理，你看都弄完了。很快的！”

“你的作业呢?”

“好像都做了吧？”

“什么？好像？”

妈妈重复了一遍儿子说的话，然后还是停止了追问。

“知道了，反正没有做的话，你就等着吧，妈妈是要发火的。快点出来吃饭。你的袜子呢？”

妈妈重新又看了一遍儿子，才发现他有一只脚还光着，打开书包，发现里面有一只袜子。儿子的好奇心完全被书吸引了，只穿了一只袜子。

“好吧，看到这一切是不是得想孩子是因为爱读书所以才会这样，然后理解他、原谅他？”

韩江妈妈好像听进去了其他妈妈的话，这样说道。虽然描述了孩子一清早的准备情况，但是别的母亲似乎听不到韩江是多么拖沓，只听到了韩江在读书。

“不过多好呀，韩江喜欢读书。”

韩江妈妈的朋友们听到这里，几乎异口同声地说道。虽然听起来好像是这么回事，但是早晨不应该是忙着准备上学物品的时间吗？书包就那样敞开着，脚上只穿一只袜子，所有的书本放得到处都是，而韩江却说自己在读书……

“你快点准备好上学要用的东西。”

一直忍着不发脾气的妈妈，终于在看见韩江脱下来的睡裤旁的湿毛巾后爆发了。韩江把擦完脸的湿毛巾和睡裤放在一起团成了一团。

“真是的！”

“还让不让人活了！”这句话马上就要脱口而出了，韩江妈妈还是咽了回去，换成了“快吃饭吧”，这才走出了房间。韩江好像从妈妈的话语中听出了些什么一样，匆忙地站起身，快速地开始了整理。这个场景、这种情况，真是再熟悉不过了。昨天也是这样，刚刚也是这样，估计明天也还会是这样吧。

妈妈正好碰上了从卧室出来、朝餐厅走来的丈夫。四目相对，妈妈说道：

“韩江也不知道像谁，行动总是这么缓慢，真是气得我肺都炸了。勤快的标准是什么呀？光是早晨起得早就是勤快吗？老公你看床上的那些东西，都是什么呀？”

床上放着丈夫刚换下来的衣服，说是故意的吧，可又看着不太像，走近一看睡衣里面还裹着毛巾。

“爸爸和儿子怎么完全一样啊？难道上辈子是亲兄弟？要不然上辈子就都是我的冤家，这辈子组成一伙来折磨我？”

儿子正巧从房间里面出来，和爸爸两个人对视着，说道：

“爸爸，爸爸你就忍了吧，妈妈不是弱女子嘛！”

“什么忍不忍的，正义在妈妈这里，你不义，还好意思说忍，真是的。不要总说妈妈是弱女子，只有给柔弱的人提供保护，才能说这种话，你个小孩子。”妈妈说。

“儿子，我觉得你说得对。”爸爸说。

“对什么对呀？你们两个都一样，完全一样。都是属猪的！”妈妈说。

儿子推着爸爸朝餐桌走去。

“爸爸我们承认输了吧。妈妈，对不起。”

儿子韩江此举真是让人丈二和尚摸不着头脑。儿子坐在饭桌前，突然间冒出了这么一句：

“妈妈……妈妈你刚才看着我，说我是属猪的，我是明白这其中的意思了。全都被我发现了。你难道真的不是骂我和爸爸吗？”

“什么是不是呀，分明就是在骂咱们。”爸爸随声附和。

妈妈望向这两个男人，他们关系不好的时候都投靠自己这边，当对他们不利的时候，又会抱团。忽然，妈妈想起了一件事：

“没错，《朱家故事》[①]！”

妈妈决定晚上再具体谋划这件事，因为得抓紧时间去上班了。

安东尼·布朗的《朱家故事》

妈妈决心把小时候给韩江读的《朱家故事》这本书应用在儿子身上。书里面的妈妈把全家人都照顾得特别好，家庭里的所有家务事全部都包揽了。安东尼的《朱家故事》里面发生的故事简直和韩江家里

① 《朱家故事》是一本非常有趣的书，男主人公和两个儿子把家庭里的所有家务事全部压在妈妈身上，妈妈终于有一天愤然离家，结果三个男人变成了三头猪。本书作者为安东尼·布朗。

太像了。

妈妈一整天都在盘算着一个计划，所以向公司递交了休假申请。休假为五天左右。虽然时间不是特别充足，但是也足够让这两个生活秩序混乱的男人体验一把他们坏习惯的坏处。那么要躲到哪里去呢？韩江妈妈仔细想过之后认为，既然要离开，那就也去享享福。于是妈妈预约了旅行社，准备去旅行。

如果把自己几年间的唠叨加在一起，估计都能够出版几本书了。不，准确地说应该是几十本书。但好像都是一些没有故事情节、由重复单句构成的长篇对话小说。虽然读者看着重复的句子和里面的烦心事会觉得无聊而厌烦，但是从这些不断重复上演的唠叨和场景看，你就会慢慢体会到唠叨的人有多委屈，就会觉得她平白浪费的时间有多冤枉。

三天后，妈妈即将开始休假。一想到两个男人呆住的表情、慌张的样子，妈妈心里甭提有多爽了。

妈妈在晚饭的时候，宣布了这个消息。两个男人一时间相互对视着，眼睛慢慢睁大……几乎同时问出了内容很相似的问题。

“啊，和爸爸一起吗？”

“啊，真的？我们两个一起？”

但是两个人无论谁都丝毫没有一丁点儿慌张或者害怕或者难舍的感觉。

“真的吗？那么我们怎么办？”

这一次，让期待听到这句话的妈妈（妻子），眼睛瞪得圆圆的。

“好吧，就这样吧，你们两个好自为之。”

妈妈甚至想要明天立刻就起程去旅行。原先以为自己要是回娘家的话，两个人说不定一天之后就会赶过来哀求自己回家，所以妈妈下了很大决心要去济州岛旅行一趟。但是以他们现在的气势来看，即使自己去隔壁邻居家，他们好像也不会来找。这算怎么回事呀？所以还不如像《朱家故事》里的妈妈一样，勇敢地来一次独断专行的旅行。

“你们两个男人就试试看，用不了一天你们就知道有多累了。”

妈妈心中的火气隐隐地开始往上窜。

“你，韩江，听好了。如果妈妈回到家的时候，看见家里面，特别是你的房间很乱的话，你给我做好思想准备。知道了吗？”

“知道了，知道了。”

平时他也这么爽快！看着好像特别期待自己出门的儿子，妈妈不由自主地发出了声音——“哎，真是……”然后又转向丈夫甩出一句带有威胁意味的话。

“你，好好照顾孩子，两个人不要打架。还有卧室、客厅、厨房、卫生间都要由你来负责。我回来的时候，不准备打扫卫生。因为行程太紧凑了，回来之后得休息，之后得立刻上班。”

“好的，好的，明白了，你不要担心。韩江，妈妈说的话，你都得记牢，知道吗？”

“是！”

两个人好像牢牢地站在了一条线上。

“哎哟，看见你们就烦。”

妈妈边打包行李边嘟囔着。出行的日子到了，令人感到奇怪的是，从一早开始，气氛好像和平时有点不一样。儿子好像在整理着什么，丈夫的态度也变得有些不一样。好像有一些紧张的气息？一种井井有条的感觉？两个男人去公司的去公司，去学校的去学校。他们走后，妈妈把家里清扫干净，优雅地拖着行李箱直奔机场而去。

令人难以置信的两个男人的生活

爸爸出奇地早早就起床了。

“起床！”

“爸爸，发生什么事了吗？你怎么比我起得还早？”

韩江一下子就从床上起来了。

“你，刷牙和洗脸都完成了再出来。实施！”

“好的，实施！”

韩江进到浴室里，一会时间就出来了。脸上有用水洗过的痕迹。

“把毛巾放在该放的地方。实施！”

韩江看着手里抓着的毛巾，“哎呀”一声之后，挂回了原来的位置。爸爸和儿子吃过饭后，儿子把碗筷搬到水槽里，爸爸说由他来洗碗。两个人抢着都要干，最后由爸爸洗碗，儿子擦饭桌。然后两个人一同出门，爸爸把儿子送到了学校。

爸爸公司里的事儿一处理完，立刻就往家里赶。事实上原本是和别人有约的，可突然想到妻子不在家，就把约定推后了。儿子一回到家，先把作业完成了，然后又开始整理自己的书包。以往妈妈进来的时候，儿子不是在玩游戏就是在看书，但是现在突然感觉有些害怕起来，因为爸爸绝对不会帮自己准备。正在这时爸爸回来了，于是两个人一起出去吃面条了。

几天过后妈妈回来了，看到眼前这一切，妈妈惊呆了。家里面和自己旅行前离开家的那天没有丝毫变化。洗衣房里也没有需要洗的衣物，甚至一点自己不在的痕迹也找不到。

最后，丈夫进行了坦白。

“因为老婆你不在家，所以我一下子就打起了精神。韩江你是不是也这样？”

令人担心的父子两人。虽然说妈妈回来没几天，这两个男人就又失去了紧张感，但还是有几个地方发生了改变。妈妈的声音又高了起来。

“你们要是这样，我又要去旅行了。”

TIP

★“放手”也是养育儿子的一种方法

许多父母看了育儿类书籍之后，喜欢按照书里的方式方法来养育孩子。但是，其实不一定非要这样做。因为对于子女教育来讲，根本就没有规定的方式方法。如果按照父母的方式，孩子健康地成长起来固然不错，但另一方面，如果毫不考虑孩子的想法、心情，完全按照父母的意志养育孩子，一定不是好方法。虽然是作为父母的孩子出生，但是孩子仍旧是独立的个体；虽然可以打磨孩子的人格，但绝不是父母可以随心所欲想怎样就怎样。其中很重要的一点就是绝对不能泯灭孩子的天性。

儿子分明天生就和女儿不一样。在女孩看来很重要的事情，在男孩看来也许就没有那么重要，父母要承认这一点。妈妈如果试图培养孩子良好的生活习惯，但是反复训练都以失败告终的话，那就“放手”吧。

这里的“放手”并不具有不好的意思，而是说“肯定孩子的现状”的意思。并不是家长做的所有的事情都一定对。即使在家长看来“正确”的事，在儿子那里也可能是“不正确”的。如果你坚持不放手的话，只会摧毁孩子掌握正确方向的意志，让他身上其他好的品质也可能会随之毁于一旦。如果孩子已经努力了，但仍不能办到，那么到什么程度就是什么程度吧。孩子现在最好应该开发什么，父母就应该在养育中做些什么。

第四章 爸爸妈妈，请这样养育我

01

按照爸爸期待的男性形象来培养男孩

幼儿园正在上演“市场买卖”的游戏。

“市场买卖游戏”是教育项目中角色游戏的一种。主要内容是：给孩子限定金钱数额，让孩子自己来计划，在“市场”中该买些什么东西正好能够达到限定金额。有时候会让孩子扮演售货员，有些时候会让孩子扮演购买者。

父母给孩子5000元钱，交代孩子买饼干、文具、蔬菜、水果等一些东西，然后跟在孩子后面，仔细观察孩子的一举一动。

灿浩一边买青椒一边说道：“老师，买这个妈妈可以做咖喱饭。”

“这个好漂亮呀。”女孩子们在卖首饰的摊位前，挑着各式各样的发卡。

这个时候，泰允用手指碰了碰老师的肋骨处，问道：

“老师，难道没有卖香烟的吗？”

“什么？”（老师以为是自己听错了。）

“我想买香烟，可是没有看见有卖的。”

“这里专门卖孩子需要的物品，没有香烟啊。怎么突然这么问？”

“爸爸总是对我说‘去给我买包烟来’……不是，不是，是我自己想为爸爸买烟。”

“……”（老师暂时陷入思考中。）

“老师，反正没有关系的。即使我买了也不会让妈妈知道。妈妈要是知道了，我和爸爸两个人都要挨训的。妈妈特别讨厌烟味。”

爸爸的现在就是儿子的未来

也可能泰允嘴里的“爸爸让我去买烟”，未必真的就是爸爸说的，有可能只是孩子自己编造的。但是孩子想买香烟送给爸爸，却是不争的事实。

“在座的各位父母有没有对孩子说过类似的话，有的话请举手。”

我在父亲教育专题讲座上，只要一发问，总会有很多回答的声音。

“我的孩子要是勇敢一些就更好了。”

“我希望我的儿子即使被同学孤立，也能够很好地克服。此外，他再能够把自己的事情做好，我就很满意了。”

“我的儿子希望我把烟酒控制在一定的限度内，他就觉得很开心了。”

最后这位父亲的发言，在很多方面都发人深省。这位父亲从上中学时就开始吸烟，现在要让他戒掉心爱的香烟，真的很困难。因为吸烟问题，他和妻子产生过感情危机，闹到要离婚的地步，但是仍旧无法戒掉烟瘾，有些时候甚至自己都讨厌自己。

妻子的脾胃不好，对烟味特别敏感，有时候隔着老远也能够闻到。他的妻子，从恋爱到结婚初期，因为是自己真心爱的人，勉强可以忍受丈夫身上的烟味。而且当初也是因为相信丈夫戒烟的誓言才结的婚，但现在……

每次回家前，这位丈夫都要在家附近先一口气猛抽上两根烟，再用漱口水漱完口，嚼上口香糖后才敢回家。他感觉自己就像一个罪犯，犯了罪后，又要制造完美的不在场证据一样。

当孩子当面质问他：“爸爸，你说你到底抽烟了，还是没抽？”他还是感觉很难堪。回答没抽吧，就是在说谎；但要是承认自己抽了的话，妻子又在旁边听着。虽然他是个“老枪”，但是也不想让家人以为他长久以来的努力都是假象。这位父亲接下来又说了这么一段话：

“我特别怕我的儿子遗传我爱抽烟的坏毛病，所以从心底来讲我也真的很讨厌抽烟。对于这个纠缠我一辈子的习惯，我也真的感到很痛心。

“这几年戒烟教室也去过了，和戒烟相关的一切方法好像基本上我都用过，但一直都没有成功。对于‘上瘾’的事物，有些人是很容易戒掉的体质，有些人却很难戒掉，我属于后者。我对我的儿子没有什么特别的期望，我只是希望上小学的儿子千万不要学会吸烟，我就很满足了。像我这样令人寒心的爸爸真的不知道该说什么好了。

“虽然当妻子忍无可忍地朝我亮出了‘离婚’这张红牌，我也有些不知所措。但我还是糊弄过去了。无论谁突然和我说‘戒烟’之类的话，我都会变得有些讨厌他，虽然我也厌恶香烟，但是如果我口袋里的香烟盒变得轻飘飘的话，我又会坐卧不安。因为我每天都得抽一包烟，所以对于妻子来说，我完全就是一个问题丈夫。每当妻子闻到烟味时，投向我的目光里总是充满了轻蔑。

“每当想到，有一天我的儿子结了婚，并且沦落到和我一样的处境，那该如何是好，我就强烈地意识到绝对不能让这样的事情发生。儿子从儿媳妇那里得到的待遇，就如同我从妻子那里得到的一样，是绝对不行的。

“首先，一定要把戒烟转化为实际行动。先从每天一包烟变成半包烟，半包烟再变5支……如此下来，今年年末好像就可以戒烟了。

“以前如果我对儿子说：‘爸爸不吸烟了。’儿子真的会上前来确认一下，扯过我的衣领，用鼻子在那里闻闻，然后眼睛望着妈妈。即使我就站在他们前面我也不会觉得有迫切感。但是现在听了‘市场角色游戏’中发生的小插曲，我突然想到，谁敢保证我不会在某一天突然随口对儿子说：‘给我买包烟来。’”

改变，首先要从爸爸做起

把孩子养育好，是所有父母共同的心愿。父母好像就是为了子女而存在的。如果说“牺牲”这个词语存在有效领域的话，那么非“子女教育”莫属了。现如今如果说“为国牺牲”，还有人会认为有些迂腐，但是如果把“牺牲”这个词用在“养育孩子”这件事上却让人觉得神圣并且理所当然。

只要是为了孩子，父母就算变成“一粒米”，也不会有丝毫的犹豫。这一切都是为了孩子能够成长得更好，但父母从不会认为这是“牺牲”。

如果父母的人生是愉快的、幸福的，那么对孩子来讲也是有利的。如果任何事情父母都是无条件地为孩子牺牲、让步的话，那反而不能为孩子树立良好的榜样。而且父母出于爱意，对于孩子所做的一些举动有可能成为孩子的桎梏，阻挡孩子前进的步伐。

但是，父母人生中分明有一些东西是必须抛弃的，那就是坏习惯。这也是父母必须做出的牺牲。我们总是试图教导孩子一定要懂得什么是“节制”，但如果作为长辈的我们都做不到，又何谈让孩子做到？

如果爸爸有抖腿的坏毛病，就算是把腿绑起来，也一定要把这个坏习惯矫正过来才行。所谓习惯，就是在无意识的状态下不断放任自己最终凸现出来的一种状态。爸爸们必须打破这种意识。如果爸爸们想要改掉自己的坏习惯，更不想把这个坏习惯遗传给儿子的话，那么无论有多痛苦，爸爸们也一定把坏习惯从自身剥离掉。因为爸爸的现在有可能就是孩子的明天。

请把你想抛弃的和希望达成的事物都写在纸上、罗列出来，这是实现个人梦想必须要做的一件事情。想要达成某些事情，正是人类“自我实现欲”的体现。成语“适者生存”很好地诠释了这个社会的本质：“只有适应现实环境的人才能够生存下去。”我们这里所要说的就是“适应”的作用很大。“按照社会环境需要，改掉自己不需要的习惯或者生活方式”，如果把这也列成一个单子，那么就再好不过了。不要把自己的梦想和希望罗列出来，而是要把自己需要改正的地方，希望从自己身上消失的部分，一条条仔仔细细写出来，然后以实际行动改掉它。

抛弃一部分，才能再填满一部分。只有抛弃了坏的生活习惯，才能用良好的生活习惯和希望填满自己。如果一辈子总是被坏习惯牵着走，那你不可能拥有美好的人生；如果你自身意识不到你有什么坏习惯，那么请通过“家庭会议”，让大家帮你找找看。大家聚在一起，说一说彼此的优点，相互称赞一下，再畅谈一下自己美好的愿望和计划……这样做虽然不错，但是如果家庭成员能以坦诚的心态彼此说出对方的不足和缺点更有意义。这当然不是无端的指责。

如果你希望儿子能成长为一个优秀的男人，那么爸爸首先要成为一个优秀的男人。儿子很容易被周围的环境影响到，特别是受爸爸的影响很大。想要养育好儿子，爸爸一定要为儿子树立一个好榜样。

成为父亲，就意味着开始了一段新的人生征程。对于“男人”来说，成为某人的爸爸，就好像是重生了一次。正因为这样，孩子看到爸爸这个优秀的榜样，才能学得更好，才能成长得更健康。在孩子眼里，其他再优秀的男人也比不上“帅气的老爸”。如果在孩子出生前就已经是一个优秀的男人，那现在更要做一个“好爸爸”。

成为父母之后，就应该变得和以前不一样才是。具体就是要以孩子心中的好长辈和眼中的好爸爸为标准要求自己。与其探讨孩子的想法到底是怎样的，不如按照优秀男人的形象来养育儿子。同样作为男人，又是优秀的男人，一定能把儿子养育好。

请牢记爸爸的现在就是儿子的未来！

TIP

★把坏习惯罗列出来

1. 把坏习惯都写出来。

◆把缺点一一写在纸上，悬挂在墙上。

◆然后每天晚上检验改正的成果。

2. 检查一下爸爸（男性）身上有哪些不好的习惯，为儿子把握好方向。

◆随地吐痰（特别是对于吸烟的人来说，经常会有这种习惯）。

◆抖腿。

◆玩手指，到处乱摸、乱碰。

◆吃饭时吧嗒嘴。

◆习惯性七扭八歪地躺在床上。

◆趿拉着鞋走路。

◆走路七扭八歪。

◆坐姿不好。

3. 爸爸不好的生活习惯要在全家人面前指出来。

4. 杜绝坏习惯最少要维持21天。

◆一个月中，每天都要检查坏习惯在自己身上是否又出现。

02

当妈妈的细心遭遇儿子的粗心

"你看你又弄得到处都是灰尘！"
"不要那样做！"
"你怎么又那么做了！"
"你就不能那边待着去！"
"我不是和你说了，这样做不行？"
"为什么流得哪里都是！"
"又弄到衣服上了，又撒了！"
"你为什么老是这么不听话？"
"你给我走着瞧！"
"你给我站住，不然不带你回家了啊！"

和儿子一起出游的妈妈不停地关心（在儿子看来是唠叨）着儿子。妈妈对儿子说话时，末尾总是带着问号或者感叹号，一路下来感到身心俱疲。孩子被妈妈关心的话语（唠叨），数落得很是失落。

两者之间完全就是沟通不畅。

妈妈真的是细心吗?

男孩子的妈妈经常会坐立不安。

“哎哟，你怎么又这样？”

“不是那样做的，你看我怎么做！”

“危险，不要碰！”

“你就不能安静一会儿？”

7岁的男孩正处在精力旺盛得好像能把天都捅破的年纪，而已经30多岁的妈妈看起来是如此的精疲力竭，两者之间似乎根本就无法沟通。妈妈好像是不停指责的机器，而儿子就好像是麻烦制造工厂里一条完整的生产线。儿子不停地“生产着麻烦”，妈妈不停地用“唠叨”尝试着让那条生产线停下来，但只能听到吱吱的声音，生产线无论如何都能好端端地运转。

妈妈总是一下子能看到很多东西，再加上女性特有的细心和母性，她关怀的唠叨之声就往往不绝于耳。最终造成母子关系出现裂痕。例如，妈妈对儿子说：“你就不能安静一会儿。”但这种命令的话儿子根本就听不进去，因为在孩子的字典里压根儿就没有“安静”这个词语。

“你怎么又这样啊”，这种反复指责的话，儿子是绝对不能理解的。男人总是做完了再想，平生总是习惯瞻前顾后的是女人。

妈妈在理解儿子的问题上分明有一条不可逾越的鸿沟。

“为什么这么不听话？”这样的追问，在儿子看来不过是妈妈又在无缘无故地找碴儿罢了。男孩子听话吗？不是有本书名叫《女人难以读懂不听话的男人》吗？并不是不听话，而是他们很多时候根本就听不懂话语的意思。

成年的男人很多时候都不能理解妻子在说些什么，更何况年纪尚小的男孩，你还能对他有什么期待呢？妈妈说的话只会让儿子感到惊讶和奇怪罢了。

“不要总趿拉着鞋走路，会起灰尘的。”

妈妈这种具有警告性的语言虽然是对的，但是这句话应该在走在土路上的时候使用，否则孩子根本就不会明白。

“爸爸不是也趿拉着鞋走路吗？”

孩子把爸爸搬出来，顶嘴说道。

“不要跑，会摔倒的。”

虽然很感谢妈妈这种很和气的担心，但在孩子看来跑步又不一定会跌倒，妈妈的担心真的是有点过了。儿子真的是很不理解妈妈。

“既然你把玩具拿出来了，玩完就应该整理好放回去。”

妈妈的话虽然很有道理，但儿子真的很讨厌整理。“爸爸们喜欢整理东西吗？妈妈，我也是男人。”儿子对妈妈的误会和妈妈对儿子的误会，就这样越积越深。

男孩更喜欢爸爸

男孩很难忍受妈妈的细心，所以更喜欢爸爸。爸爸和妈妈不一样，不会老是对他们唠唠叨叨，但是妈妈却总是更偏向儿子。

对于男孩来讲，他们很需要爸爸这个角色。有些事应该睁只眼闭只眼让它过去。但是妈妈用“细心”编织的网实在是太稠密了，孩子稍有不慎就会被卡住。可以说，妈妈在某些方面没有通融性。妈妈的雷达覆盖范围广泛而准确，让人找不到可以逃避的方法。孩子的一举一动都逃不出妈妈的视野，甚至连孩子自己都没察觉到的地方，妈妈却可以洞察到。孩子就这样完全处于妈妈的监控之下。

男孩真的很累。当妈妈的细心和男孩的粗心相遇就会产生一系列化学反应，这个反应如果是错误的，不但不会使男孩的成长之路变得平坦，而且会让孩子变得畏首畏尾。如果儿子是“妈宝男”的话，那么当妈妈说：“儿子，你那样做的话，妈妈会是什么样的心情？”儿子一定会回答道：“是的，妈妈。我知道了。我爱妈妈，所以妈妈不喜欢做的事情，我是绝对不会做的。”妈妈听到这些一定会感觉很舒服，但是妈妈真的期待自己的儿子这样吗？

男孩的妈妈，请把心放宽一些

作为男孩的妈妈应该放慢说话的速度，因为说话太快的话，男孩不可能一下子全消化，一定会有所遗漏。

男孩子的语言能力普遍不及女孩子，理解能力也较差。妈妈自己在那干上火，说话像连珠炮一样，而被子弹“扫到”的孩子根本就不能理解妈妈的意思，只觉得是不停萦绕在耳边的普通“声音”罢了。

这样一来，有些话妈妈虽然和儿子说过了，但是真正的意思并没有传达到儿子那里，儿子还会做出相同的错误举动。于是，妈妈就又会一次又一次地重复前面说过的话。长此以往，亲子关系肯定不好维护。

“上一次我和你说过，还是没说过？”

妈妈这样说完之后，儿子只会暂时感到害怕，然后眼睛一眨一眨地望着妈妈，好像不明白妈妈为什么会发火。

因此，对于儿子来讲，照顾自己的妈妈固然很好，但有些时候也很烦人。

从妈妈口里也经常会蹦出这样的话：“哎哟，我真是不知道该说什么了？”“因为你，我真是没法活下去了。”儿子就会想到底我做了什么，妈妈会说因为我没法活下去了？

养儿子，妈妈的行动也应该慢一点。

“你给我稍微快点。”

“快点跟上我。”

男孩整理东西动作很慢，这是因为他不具备良好的整理能力，还有就是他根本感觉不到整理的必要性。如果不进行整理，也没有什么不方便的地方，为什么妈妈非得高声叫喊着强调一定要整理呢，而且还不停地催促要快点进行。于是只能叮叮哐哐，大体上把所有的东西都倒在一起，或者堆成一堆，然后装起来。

与其妈妈总想让儿子快点跟上自己的节奏、和自己的步伐保持一致，不如妈妈暂时慢下来，把自己的步调调成和儿子一致，让儿子在成长的路上，能够这也看看，那儿也瞧瞧，摸索着走属于他自己的道路。如果一味地对儿子说：“快点走。”那么将置儿子的好奇心于何地？年幼的儿子如果没有了好奇心，还能剩下些什么？

身为男孩子的妈妈，心胸应该再宽阔些，给予孩子理解和宽容的幅度应该再大些，这样对于妈妈自己好、对于孩子的成长也很有利。如果不想把儿子养育成为看别人眼色过日子的人，那么就请妈妈们不要每件事都用特有的女性标准来衡量儿子。

“到底要我说几遍，你才能明白？真是不了解你到底怎么想的。”如果以这种视角来看儿子的话，儿子就会变成有严重问题的孩子，甚至还可能使孩子像ADHD（注意力缺陷多动障碍）患者一样感到不安。

“为什么就不能那样安静地坐着，真让人搞不明白。”

“为什么总要惹是生非，真让人不能理解。”

“为什么这么多事不做，偏挑有危险的事情做，真让人无法理解。”

从大人的视角看，很多时候都无法理解孩子那些不成熟的、幼稚的、危险的行为，更何况妈妈还希望儿子是理性的。到头来妈妈对儿子不解的地方会堆得像小山一样高。

妈妈虽然把说这些话当成家常便饭，但是儿子听完后却会一点点地否定自己。自己最爱的妈妈都无法理解自己，还能靠什么来培养孩子的自尊心和自豪感呢？如果两个地位对等的人之间有人说“到底我是无法理解你呀”，那么这对于对方来讲，是很大的忽略性语言。当世界上最温暖的妈妈，无论什么事情都认为儿子有问题，儿子就必然会丧失自尊心、产生自卑感。

妈妈衡量儿子行为的标准应该适当地调整一下，理解的幅度再大一些，变成“孩子原来打算那样啊”；宽容的范围再延伸一下，变成“孩子也可能会这样做啊”。妈妈可以更加自由地去爱儿子。爱，只要稍稍有一点被歪曲，就不会完全地传递给对方。

男孩是喜欢妈妈的

妈妈以伟大的母性养育着儿子，向儿子慢慢传达着他所不具备的细心、温暖、感性。儿子是如此重要的人，30年后，他将会成为未来世界的主角。所以妈妈一定要让孩子看到自己的细心。

那样，有一天当儿子也成了长辈的时候，在养育子女中，他才不会漠视女性的付出。

“你，没有女朋友吗？”

这样的发问，就算不是恳求孩子快点结婚，也是想让儿子快点带一个漂亮的儿媳妇回来。在儿子看来这是一种胁迫，如果这样对孩子讲，只会让儿子对女性形成一种负面的观点。

对于男人来说，学习是非常必要的。以妈妈的标准来养育儿子的话，妈妈会很受伤、很疲惫。如果妈妈能用带着宽容和温暖来养育孩子，那么儿子不仅会感受到世间的温情，还会形成良好的人格魅力。

不要相信这样的话：“如果养育两个男孩子的话，那么母亲也会变成黑社会。”把两个儿子养得结实而茁壮，妈妈有什么理由会变成黑社会呢？应该是变成优雅的王妃才是。不要朝儿子大喊大叫，如果有什么话想对儿子讲，看着儿子的眼睛，相信儿子的孝心，温柔地对儿子缓缓道来。

不对儿子大喊大叫，他就听不进去，这是妈妈对儿子的一种偏见。儿子面对柔弱的女性总爱发扬骑士精神，但是面对强大的女性却无法激起男性特有的保护欲。其他女性很柔弱，唯独妈妈很强势。那么儿子真的需要一个强势的母亲吗？其实儿子更加渴望母亲温柔的抚摸和美丽的音色。

当儿子还在妈妈肚子里时，妈妈就用手抚摸着肚子向儿了传达爱意。所以从儿子出生的那一刻起，就注定他平生都会从妈妈那里收获很多的爱，同时也注定是妈妈一辈子的王子。

请不要对儿子过于强势，多在儿子面前展示你温柔的一面，这样才能把儿子养育得更加健康、更加帅气！

TIP

★表现妈妈母性的方法

1. 说话不要兜圈子，直接说，孩子会听得更明白。

- “你怎么又这样！”比起这句话来应该对孩子这样说：“你这种举动（具体的行为，情况）很危险。”
- “妈妈不是说了不能那样做吗？”应该换成：“你要是乱扔的话，它会被摔坏的。”

2. 不要用埋怨、疑问、盘问的语气和儿子说话。

- “我就知道会是这样，你看摔倒了吧！”
- “为什么要这么做？我和你说没说过不要这样做？”
- “说说看，你到底是为什么这么做？我不是很清楚地告诉你这样做不行吗？”

3. 根据情况，使用简短的命令句也是不错的选择。

“把这些整理了！”

4. 不大喊大叫。

比起大声叫喊，表情严肃一点会更有效果。提高声音只会让儿子感到害怕，却不懂得应该改变哪里，儿子下次还会反复犯相同的错误。

5. 不添加令人感到不快的修饰语。

“哎哟，真是的！”“到底我得说几遍，你才能明白呀？”在说话时不要在前面加上具有表达感情色彩的词语，这样会让儿子感到自己已经被否定，或者感觉很不舒服，进而就不会留意你接下来要说的话。

03

我为我的妈妈感到骄傲

“妈妈，真不明白您怎么能以这样的英语发音在美国生活20年？”

“不要担心。虽然妈妈发音不好，但是没有一个美国人听不懂我在说什么。”

“我真不明白，妈妈为什么要把自己打扮成这个样子？”

“打扮？什么意思？”

“妈妈，总对别人妥协让步不好。现在这个社会相互帮助和让步不一定是美德。反而有时候需要无视和顶撞。”

“物以类聚，人以群分，妈妈身边的人都是一些好心人，彼此之间都会相互帮助和让步。你不要担心。”

“妈妈，你今天又把饭分给教会的朋友了吧，自己只吃剩饭？”

“嗯，妈妈喜欢这样做。再说，妈妈已经做了20年的义工了。”

“好像每次妈妈都是吃已经凉了的饭，我有时候会讨厌妈妈这样。”

这是上高中的儿子和妈妈的一次日常对话。儿子对总是穿着牛仔裤和短靴，丝毫不化妆的妈妈感到很不满意。妈妈虽然也在意儿子，但是骨子里的习惯真的很难改变。所以见到我时，对我说自己把这称为“不是烦恼的烦恼”。

但是某一天，这位母亲和我聊了他儿子的一些事情。原来事实上，她的儿子为有她这样一位母亲而感到骄傲。

男孩想为自己的父母感到自豪

这个小插曲发生在美国东部一位四十六七岁母亲和她的高中生儿子之间。这位母亲的丈夫是一位牧师，同时还经营着一所韩语学校。全家人可谓是转型中的美式韩国家庭。我在拜访这个家庭时，发现他们饭桌上的饭菜很丰盛，但是屋里的整体布局却显得简单朴素。

几年前一次偶然的机会，我和这位母亲成了好友，我从她那里听到了很多关于小学、初中、高中学生的事情，也借鉴了很多她对我讲的发生在团体里面的事例。前面的小插曲讲的并不是其他人，而是发生在她和她儿子间的故事。

就像插曲里面描述的那样，她的儿子好像对妈妈的朴实和素净，以及热心于志愿服务等都很不满意。但是有一天在给她的儿子作辅导时，从他言语中流露出的感情来看，她发现他特别为有这样的妈妈而感到骄傲和自豪。

“我为有这样的妈妈而自豪。”

儿子表面上看对妈妈有很多不满，而内心却为妈妈感到骄傲和自豪。

如果说爸爸是让儿子看世界的一扇窗，那么妈妈就是能让孩子感受这个世界的心灵。

父母就是孩子的死穴

从小学五六年级到青春期结束，这段时间孩子嘴里骂人的话已经超过了一定的“危险水位”，这个事实我们通过各种各样的渠道已经有所耳闻。可是有些时候，真正的当事人却根本不知道自己嘴里说的是不文明的话。学校正在试图通过向学生们讲解语义和词源，来降低不文明语言的使用率。

那么，不文明语言中减少最多的是什么呢？那就是和“妈妈”相关的骂人的话。有些人可能连词语的语义还没搞明白是什么，就开始使用了。“你娘的”就是非常不文明的话，如果展开仅就语义来讲是“你的妈妈”，但是用在骂人的话中却极其不雅。在这之后，如果再加上一些具有性意味的词语，如“你妈……”，就成了和妈妈相关的、具有性意味的侮辱。我在一些材料中看到，当一些男孩子领会到这些侮辱性语言的真正语义和来源时，他们会感到茫然若失，并充满罪恶感。

在美国也有一些和妈妈相关的骂人话，如“X your mother”。前面文中提到的母亲告诉我，如果有一方说这句话，就很可能招致对方的痛打。那到底是什么原因呢？因为妈妈在每个人心里都是伟大的存在。孩子从出生起，第一个爱的人便是妈妈。也正是因为妈妈在每个人的心里都是世界上最重要的人，所以骂人的话中才会带有“妈妈”。事实上，所谓骂人的话，不过是瞬间的发泄罢了，又能有多少了不得的意义呢？甚至连“我要杀了你”这种剥夺人生命的话都可以毫不费力地、轻易地被忽视，但是只要骂人的话中夹杂了“妈妈”，就会变得很严重。这意味着对于我们来讲，妈妈比自己的生命还重要。

在孩子心中，妈妈就是这样的存在。就像前边提到的，儿子好像很无视妈妈，可别人一旦侮辱了妈妈，就会挥拳相向。这就是儿子，看起来似乎很是矛盾，但本质是因为妈妈是儿子在这个世界上最信赖的人。

孩子的内心有很多期待，如果说孩子对爸爸有所期待的话，那么孩子对妈妈期待的本质就是，为人所交口称赞的内在美。儿子平时散漫、不听话，看起来好像所做的每一件事似乎都不合父母，特别是妈妈的心意。但你要知道，在儿子内心是十分尊重妈妈的。

那天早晨，我在与孩子交谈中了解到孩子的想法，仔细想来看似偶然，其实是必然的。

“作为父母，最愚蠢的做法莫过于把孩子变成可以炫耀的资本，最智慧的做法莫过于让孩子以自己为骄傲。”

比起把儿子变成“可炫耀的资本”的父母，让自己成为孩子骄傲的父母才是真正智慧的父母。

男孩需要别人倾听自己的心事

美国咨询中心发现，多仔细观察和儿子相关方面的事物，有利于对孩子的培养。

在美国的学校，如果出现需要和孩子谈话的情况，学校首先会找孩子的父母谈。如果找孩子谈话确有必要的话，会有专业的顾问和孩子交谈。生活中，我们经常希望能把自己心中的不快一吐而光。其实只要有一个能倾听的人，我们就会觉得非常感谢了。如果能有可以和我们一起分担苦恼、提示我们找到方法的人，那就真是太好了。

在这样的咨询中心，距离每个人无论是心理上的，还是生理上的都很接近，会让我们感到很轻松。更为重要的是，我们可以找到一个场所把自己的苦恼说出来。这种做法在美国很是普遍，它能够创造一种平和的氛围，所以我很羡慕。

在韩国，大多数青少年恐怕只能把自己的烦恼向朋友倾诉，但这样做很可能引起以下几方面的问题。

第一，朋友提供的信息或者建议未必正确。朋友不是当事人，因而有可能提出客观的意见。但是朋友和孩子对事情的认知相差无几，也只能提出和孩子水平差不多的建议。

第二，当孩子向朋友和盘托出时，这些话可能会变成飞镖，转头戳中我们的弱点。男孩不会像女孩子一样，事先就和对方说，“这件事只能你一个人知道”，或者，“这件事我只和你一个人说过，不要对其他人说。”而是盲目地相信彼此间的哥们儿义气。所以，当自己说过的话被别人拿来中伤自己的时候，从感情上会很难接受。

倾听孩子的苦恼和观察孩子的举动相当重要。“妈妈，因为某某人的原因，我讨厌去幼儿园。”“妈妈，某某人她说不想和我玩。”“孩子们都不和我一起玩。”“我真是很讨厌某某人。”“没有意思，一个朋友也没有。”听到这些话的父母会很担心，跑来教育机构咨询：“难道我的孩子被孤立了吗？”事实上，处于幼儿时期的孩子们，他们的思考方式都是以自我为中心的。在这一发育阶段，孩子们不存在排斥谁，或者成立小集团孤立谁的意图。但是因为有一些关于六七岁孩子的社会生活，或者社会性研究的议题出现，往往把他们和“被孤立”连接起来，因此导致父母有时会有些焦虑。所以有时候，知道得多了反而不好。从“被孤立”这样的话进入我们大脑的瞬间开始，我们就不能淡定了。

当孩子到了五六年级的时候，彼此间会对骂、会形成小集团，所以孩子经常会产生烦恼。被大家孤立、被大家忽略，这都是出现概率较高的情况，甚至社会上还出现了“网络孤立”等新词。我们的孩子就要在这样的社会上度过他的学生时代，对于男孩子来讲，还要面临校园暴力的威胁。有些父母向我哭诉希望孩子能快点度过青少年期，这种状况很不寻常。

所以奉劝各位父母一定要给孩子找一个可以倾诉的朋友。

如果孩子是小学生的话，可以找一个初中、高中的学生作为倾诉对象；如果孩子是初中、高中生的话，可以找一个大学生哥哥作为倾诉对象。年龄差不是特别大，就更好了。已经度过青春期的大学生如果能成为初中、高中生的朋友，会把自己身边活生生的例子讲给他们听，这很容易引起初中、高中生的共鸣。

在我们儿子的心里，比起总是向自己讲道理的老师和父母，能够和自己在心灵深处产生共鸣的大哥哥更能给自己带来安慰，让自己学着整理自己的思绪。孩子闲暇时，不要总是给孩子报这样那样的辅导班，不要只关心孩子的学习和成绩，尝试着寻找一个能够和孩子对话的人，这更有利于孩子的成长和学习。

听了一位母亲为小学五年级的儿子寻找家庭教师的事，大多数人会感到很疑惑。“现在刚上小学五年级的学生就已经需要家庭教师了吗？”这是一般人的逻辑，我突然想起一个更好的答案。

父母都是公司职员，孩子下午的时间由奶奶来负责看管。但是奶奶说只能帮忙把孩子送到课外辅导班。在这之前孩子的成绩不断下滑，也抵触去课外辅导班，无论做什么事，都会有很多不满。对待父母也是，父母问什么答什么。孩子一直处在这种状态，父母很苦恼，孩子也有自己的想法，到最后只能决心给孩子找一位家教老师。事实上家里的经济条件并不是太好，但觉得在孩子身上进行这笔投资是值得的。

在挑选家教老师的时候，比起老师毕业的院校更关心他的人品；比起提高孩子的学习成绩，更拜托这位老师能成为孩子的“大哥哥”。

“一个人的人品怎么样，只通过一次见面是看不出来的。面试了两三个人之后，他们都不愿意做……找个家教还挺困难。最后，决定将所有的条件全都放下，只看其中两样。首先，不要有奇怪的习惯。其次，看看他的说话方式。但就是这样，也还是不容易。所有面试的人多多少少都会有一两个奇怪的习惯。从这一点上也可以知道，好习惯是孩子长大后面试成功的关键条件。”

最后，终于在周边人的推荐下找到了一位家教老师。父母告诉老师可以和自己的儿子在一起玩耍，也可以出去买吃的。开始的时候，两个人真的会一起出去踢两个小时的球，踢得汗流浃背。两个人也会一起出去吃东西。奶奶听了之后，稍微有一些不满，但因为是儿子、儿媳和老师事先约定好的，也就只能把不满压在心里。

过了一段时间，父母发现儿子的脸色渐渐好起来，对待父母的态度也明显好多了，话里话外也不再带有不满的情绪，变得恭顺起来。三个月的课外辅导过后，孩子学习成绩明显提高了。这都是因为家教老师和儿子聊天，成为儿子知心好友的原因。

“我把我的烦恼一股脑儿向老师全都倾诉了之后，感觉好像我的烦恼变得不算什么了。因为我知道，好像所有人都要经历这些才能长大的。”

某一天孩子和妈妈聊天时这样说道。

“妈妈不是也曾对你说过都得经历这些才能长大嘛。”

“妈妈是站在她自己的角度上说的，虽然妈妈说的都对，但是听哥哥说完之后，还是感觉有些地方不太一样。不管怎样，还是谢谢妈妈。您不是对哥哥说过，比起提高学习成绩，更要先从了解我的内心开始的话吗？哥哥也说第一次看见您这样的父母，找家教老师却不强调提高孩子成绩。哥哥还说让我尊重自己的父母，家庭经济条件不是太好，又不是为了提高孩子的成绩，只是为了让孩子形成健康的人格而请了家教，让我不要忘了父母的恩惠。哥哥还对我说，很高兴能够给我做家教，因为他没有毕业于名牌大学，所以虽然他很想做课外辅导老师，但却很难找到机会，这次通过给我当家教老师，哥哥的自信心也提高了。”

妈妈因为孩子能够和自己讲这么多，很是高兴。以前孩子张口闭口都是“哎呀，真是的”或者用言语顶撞妈妈。但现在孩子竟变得这么严肃、变得这么一本正经，这是妈妈完全没有预料到的。这一切都是托亦师亦友的大学生家教老师的福。

这个妈妈成就了两个男孩子，一个是正在上小学的儿子，一个是大学生家教老师。这个妈妈成为这两个孩子人生中的优秀领路人。

但是，还得再次重申一点，对于孩子来讲，最好的良师益友莫过于父母。孩子多么期盼父母可以成为自己的良师益友，可能就在这一瞬间，儿子仍旧尝试着寻找父母身上的闪光点、寻找着值得自己引以为傲的地方。

“我的妈妈真的特别朴实，而且是一个懂得和别人分享的人。我为妈妈的朴实感到很骄傲。

“我的妈妈从外表看，因为不化妆，所以看起来不是那么显眼。但从内心来讲真的是特别美丽的人。交往多了，谁都能从我妈妈身上体会到心灵美的真正含义。

“我的妈妈是那种人：不仅知晓志愿服务的真正意义，并且能够落实到行动上。不只是用嘴说说，而是一辈子都用心在做。也正是因为如此，她才能在韩语学校召集那么多人进行志愿者服务。

“爸爸和妈妈夫妻两个也给我展示了什么是真正的爱情。他们两个人中，无论哪一方遇到了困难，他们都会努力为对方排忧解难。其他同学的父母中如果有一方出了问题，另一方就像逮着机会一样，去攻击对方。这样反而会让彼此陷入更大的困难中。

“我的妈妈不仅对别的母亲说‘学习不应该放在第一位，人品才应该放在首位’，实际上对我的教育也是这样的。”

前面小插曲中的主人公对咨询老师说的话完全是发自内心的声音。我这才了解到，男孩平时好像看起来很不满意妈妈朴素的外貌，但实际上并不是想要一个外表华丽的母亲。男孩看到妈妈朴实的、充满人性温暖的样子，内心其实是非常感动的。这个男孩让咨询老师最为感动的一句话莫过于：

“我为我的妈妈感到骄傲。”

这个男孩说今年要到美国的芝加哥大学去读书。因为受到了孩子妈妈“言行一致”的影响，再加上这个孩子以妈妈所做的事为骄傲，所以周边的人也都认为孩子能考上。

每一个孩子都做好了以自己父母为骄傲的准备，或许现在这一刻他们正用敏锐的视线在我们身上寻找着可以让他们感到自豪的闪光点。谁又知道呢？父母们一定想从孩子那里听到这句话吧！

“我为我的父母感到骄傲。（I’m proud of my parents.）”

TIP

★如何让孩子说出“我为我的父母感到骄傲”这句话

1. 希望孩子做什么，首先父母自己一定要先做到。

◆ 你是喜欢勤快的孩子呢，还是喜欢睡懒觉且对父母出言不逊的孩子呢？如果是前者，父母首先要让自己变得勤快起来。父母自己如果总是看电视到很晚，或者没有正当理由地晚回家，那么当你要求孩子按时睡觉、起床的话，孩子就会心生抵触。

◆ 如果你喜欢诚实的孩子，并且要求孩子有责任感，父母首先要把自己诚实、有责任感的一面展现给孩子。

◆ 如果你不喜欢做事拖拉的孩子，希望孩子当日事当日毕，那么父母自己也不要拖沓。

2. 父母请寻找一个自己尊敬的人，并且为成为那样的人而努力。

◆ 在自己的领域里，努力做到最好。

◆ 在困难面前不埋怨，不逃避，努力克服它。

◆ 不责怪世事不公，接受现实，并且尽力而为。

★请你想一想伟人的特征。我们的儿子会在我们身上不停地寻找值得他尊敬的地方。所以不要让孩子失望。但值得庆幸的是，即使我们只做了一点点努力，在儿子看来也可以收获很多。

04

和儿子一起制作家训

五月份是韩国的“家庭月”，幼儿园也会以“家庭和家人”为主题进行一些教育课程。主要课程有制作精美的全家福、和祖父祖母合影后在同学面前作介绍、制作康乃馨等。

这周的主题是：和家人一起“制作家训”，并在课堂上做一个介绍。

孩子们热情高涨地亲自画画，画上有歪歪斜斜的字，以此来介绍自己的家训；有的爸爸妈妈带来自己家的家训，耐心地给孩子以及孩子的同学介绍自己的家训。

家训，对于7岁的孩子来说，似乎很难理解，所以呈现在我们面前的是孩子那真挚严肃的表情，无论是做介绍的人还是听故事的人。

“家和万事兴，从来不放弃，爱。”

这是于英介绍的家训，“家和万事兴”是由爷爷制定的，寓意家庭和睦；“从来不放弃(never give up)”是由爸爸制定的，寓意充满挑战精神；还有于英写的“爱”字。这分别由祖孙三代书写的家训就像一幅美丽的画卷。

培养男孩的家长制意识

现在，家长制、权威、血统等词汇的重要性每况愈下，这些词汇曾经风光一时。就和腐败的王权、旧时代的遗物一样，当提到这些用语的一瞬间，你就会被认为是怀旧主义者或者被认为是落后于时代的一类人，因此大家都会按捺住自己避免使用这些用语，但是拜读了俞镇午的作品《沧浪亭记》后，不禁让我浮想到家庭、父母、夫妻、子女，也想到家长制的权威问题等。

在真正的“家长制”中，始终如影随形的是父亲对家庭的责任感。

无论生活有多么不易，为了家庭，父亲们都会觉得为妻儿付出不是一道生活选择题，而认为是理所应当的事情。在家长制存在的文化环境中，滋生着一种使整个家族团结在一起的权威力量。我们不得不承认，有时候父亲的一句话能使整个家庭变得和谐有序。

这可能是“大男子主义”的一种表现，也许会被批判成一种非民主主义的行为，但是有时候，我们也真心希望父母的“一句话”能让孩子们感觉到“权威”。从某种程度上看，父母确实也应该有一定的权威。然而，我们是否有时也把“权威”和“权威主义”混为一谈？在这个世界上，确实需要有权威的人，父母就应该是孩子身边那个有权威的存在。权威能够增加父母话语的力度，使父母的话变得有价值，这也是使孩子成为优秀人才的力量源泉。

家训是一个家庭的缩影

“妈妈正在关注着你。”

这是某个高中高三年级的班训。校训或者班训都是由几个字组成，不会很长，简短而有力，同时能够表达出紧迫感，有强烈的表达效果。

曾有一段时间，流行着这样几种假期作业的形式：画海报、制作条幅、撰写征文等。其中有关于“防止山林大火”的海报，也有关于“回头看看熄灭的火种”等条幅，这样的海报或者条幅蕴藏着一股使全国人民团结在一起的力量。像这种大体上由四个音节组成的标语有的像古代诗歌一样，有的特别具有大众性，因此能被传颂一时。这样的海报或者标语像歌谣一样简单易懂，对于所有未成年学生或者成人来说，都能朗朗上口，即使是刚听一遍，也能印象深刻。

家训也要和标语或者童谣一样简洁明了，并包含一定的寓意。

让我们和孩子们一起制作一个家训吧，这个家训要把家庭成员的心汇聚在一起。现代社会中有这样一个教育理念：孩子们要善于从与自己有关的东西中学到知识。所以，孩子们会更加珍视自己亲自参与制定的家训。家训不是用相框好好装饰后高高挂起来，而是为了给家人带来好的影响而精心制作的，当每个人想到家训的时候，都能真切地感受到家训所包含的深刻含义。

这样的家训就像北极星一样，为了使大家不迷失前进的道路，无时无刻不在闪耀着。这样的家训也像指南针一样，时刻为大家指明正确的前进方向。家人是每个人的牵挂，是每个人身边非常重要的存在。所以我们要把这种珍视感融入到家训之中。

我们没有理由一定要把男人的家长制权威打破，因为家长制权威也是一种责任，或者可以想象成是另一种言语表达。有的时候它可以是一种意志，一种无论遇到什么样的事情都要保护家人的意志；有的时候它可以是一种义务，一种为了家人辛苦劳作的义务。如果孩子能在权力哲学和家人面前自觉地建立起权威，并为这个目标坚持不懈地去努力，那么我深信：这个社会一定会变得越来越富足。如果男人让女人自己闯世界，而且这样的男人越来越多的话，那么也许没有生活不济的人，但同时也会失去一种奇妙的魅力。

女人披星戴月地外出工作，留下丈夫照顾孩子、做家务事，这也许没有什么大过错，但这确实是背离了家长制。如果男人只能无可奈何地负责教育孩子和做琐碎家务，那么，这样的男人是无法为家人撑起一片天的。如果男人有家长制权威，不仅会勤勤恳恳地在外打拼，即使是在家里做家务也会全力以赴，为了整个家庭和家人，也为了自己强烈的责任感而不懈努力。这样的家庭，夫妻间互相尊重，没有不和谐的因素存在。但是如果是没有责任感的丈夫，整天不想在外打拼，连家务事也不想打理，那么夫妻之间只能是无休止的争吵。

女人的心都是一样的。她们也许会为了实现自我价值而工作，也许会为了赚钱而工作，但是她们也会承认，如果男人也能认真埋头于他自己的工作，就是锦上添花。同时，她们也会觉得如果和丈夫互换角色，让丈夫全职照顾家庭，并“兢兢业业”，这也是完美的生活。直白点说，当我们思考自己的女儿该如何选择丈夫的时候，不妨想想如下“培养儿子”的几点建议与方法，作为精选女婿的参考。

如果认为儿子有高贵的血统，在培养的时候就要朝着这个方向努力，即培养成有权威的父亲，或者拥有责任感和家长制态度的男性，这样的话，“家和万事兴”就不是一纸空谈。

“家和万事兴”计划，就首先从制作家训开始吧。

TIP

★制作一个好家训的秘诀

制作家训时值得参考的事项：

1. 家训的素材可以是某些领域的优秀人才，通过讨论后，可以制定出具体的、出色的家训。

2. 自然而然地把孩子的梦想放入家训之中。

3. 包含父母人生哲学的家训有助于孩子的健康成长。

使用本家或者娘家的家训也是一个不错的选择。

过节或者家庭聚会的时候，去本家或者娘家的时候，要留意一下家训。

如果是单亲家庭的话……

（1）和叔叔，姨母或者良师益友一起制作家训也不错。

家训作为一个家庭的指针和罗盘，有助于树立人生理想和人生目标，所以和良师益友一起制作家训当然是个不错的选择。

（2）单身父亲和子女，单身母亲和子女，这也足以组成一个家庭。

说到家庭，不一定非要由妈妈、爸爸和子女构成。最近新生家庭形态也是多种多样的，比如单身母亲家庭、单身父亲家庭、单身祖母家庭等。这仅仅是家庭的多样性，不能被看成是不能解决的问题。制作家训的时候，亲人之间的交流与沟通会使家庭变得更加团结。

05

让男孩在生活细节上做好善后工作

男卫生间的马桶上有一只苍蝇在盘旋着。

男人专用马桶上也画着“地图”。

起初还好奇为什么会这样？怎么变成这样了呢？

如果小便对准小便池尿的话，还会这样吗？

正因为便器周围总是流淌一些小便，所以才会发出气味。

我们通过有很多办法呼吁大家要注意，却一点改善也没有。

一所大学的男卫生间写了这样一句话：“我的母亲正在清扫卫生间。”从此以后，卫生间的小便几乎没有洒到便器外。

教育孩子从小对生活细节做好善后工作

孩子刚刚到幼儿教育机构上学的时候，对很多东西会感到陌生，其中，最难适应的就是便池。

对于幼童来说，入学前，家里的生活几乎就是他的全部生活，所以面对需要站着小便的便池，他们会觉得很陌生。在家里的时候，可以根据自己的意愿，随时坐着进行大小便，所以会觉得需要站着使用的男用便器很有意思，却又有些生疏，所以小便瞄准尿池是很不容易做到的。为此，父母要让孩子从小养成良好的入厕习惯。

大小便是一种神圣的“排泄”行为，它比“进食”还重要。在人的欲望中，“生理欲望”排在首位，足见其重要性。但是大部分父母认为“吃的东西”最重要，剩下的再排序，也不会把“排泄”放在第二位。排泄就像在饭桌前教育孩子要掌握正确的用餐礼节一样重要，要教会孩子基本的入厕习惯，这也是必须做的功课之一。因为对于任何人来说，在独处的空间里更要重视个人的修养和习惯。

在一些卫生间里，写有这样的温馨提示：

“美丽的人停留之处也是美丽的。”

“如果您能干净地使用，卫生间也是干净的。”

……

不仅如此，对于在使用卫生纸和使用过后如何处理的问题上，也有温馨提示：

“一定根据需要量使用卫生纸。”

“请把卫生纸放入卫生纸桶里。”

……

其实，这些都是我们应该做的最基本的事情。

这里，主要探讨了关于“小便”习惯的具体内容，孩童时的习惯是一辈子的习惯。在养育男孩的过程中，关注孩子如何小便的问题，是很重要的事情，它关系到儿子一生的卫生习惯。

做好善后工作，是生活的基本

大多数有儿子的妈妈会经常有意让儿子做刷碗、扔垃圾等琐碎的家务事。现在的时代变成这样，父母们也自然而然地接受了这样的生活氛围。

曾经想创作一本关于爸爸育儿的书，主旨是想突出男人的重要作用，但是就像劝人涉足不擅长的领域一样，有点为难，所以中间犹豫了一年。不过短短几个月的时间，就掀起了“爸爸育儿”的热潮。有许多父母紧跟“爸爸育儿”的潮流，纷纷跃跃欲试“超级奶爸”。

想起我们当时抚养孩子的时代正赶上生育高峰，想听到爸爸说“长得真好看，来让我抱抱”这样的话，就好比想听到数百年前的话一样困难。

现如今，男人的语言表达更加积极主动，他们不仅会一起参与到育儿当中来，同时还会成为能给孩子换尿布的“尿布爸爸”。美国演员布拉德·皮特抱着孩子出行的照片就曾被非常醒目地刊登在报纸上。在韩国，爸爸们抱着孩子出行是一件很别扭很难为情的事情，如果男人抱着孩子在街上行走是回头率很高的一件事。但现在开始设计生产的育儿用品，已经开始考虑爸爸们喜好的颜色和款式了。

当下，已经不再是讨论给孩子换尿布的简单问题，而是聚焦在如何能使用更好的方法给孩子换尿布，我们关心的重点问题是“卫生”和“整洁”。大人给男孩换尿布的时候，如果有便便沾到屁股上，虽然已经尽力做好，但是还会听到批评的声音，因为这毕竟是不卫生的，这仅仅是一个普遍的例子。作为男人，有点邋遢也许无伤大雅，但是这不能成为男人邋遢被理解的理由。即使是男人也应该记住：在生活中，卫生和整洁是最基本的。

做好善后工作是婚姻生活的基本

在一次夫妻讲堂上，有人提出了让丈夫坐在马桶上小便的建议，对于这个提法大家也是众说纷纭。女人们的理由很明确：如果小便溅到马桶外，会有味、不卫生，因为卫生问题每次都会和丈夫发生争吵。男人们听了这话后，都会嗤之以鼻：“真搞笑！那样怎么能正常小便。”

有位50多岁的男性说：“这是男人的自尊心问题，女人和男人的生理结构不同，如果否定这一点的话，是合情合理的吗？”女人们又反驳道：“这和自尊心完全是风马牛不相及的事情，也不是否认男女生理结构不同，只是想共同营造干净的生活环境而已。”男人们听到女人们这么说，便会很不高兴地反驳：“真的是不可理喻。”

谁的意见对或错并不重要，因为从双方各自关注问题的角度来看，大家都有自己的道理。但是如果这个意见在夫妻间造成冲突、引起口角，这才是最大的问题。

夫妻间不能追究谁对谁错，关键是看两人能否互相理解包容。借此机会，我们举行了一场激烈的辩论，把自己想说的话条理清晰地表达出来。

在众多的见解中，有一个很合理的建议，当时在场的听众们都发出了赞叹声。

“男性小便时，如果有不溅出尿液的自信，就站着如厕；如果没有这样的自信，就坐着如厕，如何？因为这是不同于男性自尊心的卫生问题。事实上，家不是一个人生活的地方，而是和妻子、孩子一起共同生活的空间。只有承认了这一点，才能对孩子进行正确的家庭教育，同时，夫妻间也才能和谐地生活。”

对于这个观点，我也举双手赞成。

如果说，“站着如厕”关乎男人的自尊心，那么就告诉男孩怎样做才能让站着小便不给自己和他人等带来不便。受这种培养长大的孩子，一定会受到大家的欢迎。

无论什么事情都要做好善后工作，这不仅仅适用于小便问题，也适用于所有的事情。这个时代，竞争是残酷的，比起只有蛮力的人，更需要懂得变通、细腻的、有领导才能的人。我们是要把自己的儿子培养成文武兼备的全才、培养成不轻易忽视任何细节的人，而不是把儿子培养成只会判断大是大非的人。现在有一些宣传活动，如“在地铁上，不要张开双腿坐着以免给别人造成妨碍”“不要把报纸大幅度展开，以免给他人带来不便”等，这些活动都给父母在育儿上提供了一定的启迪。

如果您的儿子能对自己的排泄物负责，那么他将来也能成为一个有很强生活能力的人。

TIP

★教导男孩如何小便

对儿子进行生理教育，并不是一件令人难为情的事。

1. 在男孩小时候，尽量让孩子穿自己容易穿、容易脱的裤子。

2. 父母要让孩子练习自己脱裤子。

3. 要教育孩子瞄准便器再小便。

4. 小便结束后，要把残留的尿液处理干净。

5. 小便过后要洗手。

无论怎么小心，小孩子的手上也可能会沾上尿液。洗手是一个讲卫生的好习惯，父母要慢慢教会孩子便后洗手。

06

学会和男孩谈“性”

妻子的表情看起来很不寻常，由于早上时间太紧张，关于儿子的事情只说了一句，具体的等晚上再谈。

丈夫听了觉得很好奇，于是一下班就匆匆赶回家。但妻子说先吃饭，一会再说。

丈夫猛地想起妻子早晨说过的话，心里想道：“这件事真的很严重啊。”

养育两个儿子不是一般的闹腾，妻子也没有表现出什么。有时候需要妻子承担三个人的家务，妻子脸上也没有出现过这种表情。

晚饭过后，客厅里面很是安静，气氛有些异常，连电视也不敢开。

“孩子去哪里了？”

“送到我妈妈家里了。”

“岳母家里啊。”

妻子稍微有些迟疑，但还是把手机推到了丈夫面前。手机里有一些不健康的淫秽视频。

妻子的表情看起来好像要哭了一样。

“我以为想说什么呢，就因为这个？所有的男人都是这样的，我也不例外。”

妻子抬起头斜视了丈夫一眼，然后忽然紧紧地抱住了丈夫。

“老公，谢谢你，这下子我就放心了。因为这事我都快死掉了，要是没有你，我一个人可怎么把孩子养大呀？”

爸爸是孩子性教育的第一人

妈妈在清扫孩子房间时候，被翻出来的杂志、光盘、性感杂志惊得说不出话来。为了这事，妈妈几天来一直十分苦恼，甚至不忍看儿子的脸，准确来说讨厌看到儿子的脸，那还只是个连胡须还没冒出的乳臭未干的臭小子。

当看到孩子手机里面不健康的视频的时候，妈妈甚至开始变得有些厌恶起儿子来，到底应该如何是好，面对儿子的时候是应该装作不知道，还是应该表明自己已经知道了。

要怎样向丈夫开口？这位妈妈着实觉得有点难堪，也不好意思把录像带拿给儿子看……一整天妈妈都不知道是怎么过来的。

这位妈妈终于一口气把自己知道的对丈夫全说了。

“我还以为你想说什么呢，就因为这个？所有的男人都是这样的，我也不例外。”

听丈夫说完之后，这位妈妈突然一下子就把丈夫抱住了，多亏有丈夫在，然后像个孩子一样呜呜哭了起来。

“老公，谢谢你。因为这事我都快死掉了。”

这个妈妈起初在孩子电脑里发现黄色录像的时候还以为自己眼花了呢。并不是说自己不懂得什么是黄色录像、什么是黄色杂志，但是当从儿子电脑里面看到这种录像的时候，这个妈妈还是受到了很大的刺激。

儿子一向不喜欢妈妈突然进入自己的房间。

有一天，妈妈敲门之后进到孩子房间里，儿子还对妈妈大喊大叫了起来：

“妈妈连进别人屋子之前要敲门的礼节也不懂吗？”

“我敲门了，还敲了三遍呢。”

妈妈心中的怒气已然开始上升，但还是用力压抑住了。可是这个臭小子还继续火上浇油。

“不是应该听到对方回应说‘请进’之后，再进来吗？”

儿子话尾的声调拉得很高，妈妈感到很委屈，眼泪都快掉下来了。

妈妈进入房间之后终于抓住了儿子的小辫子。原来近来发生的点点滴滴都是因为这些啊。妈妈感觉自己的心都快碎了，同时又觉得很委屈。这些日子以来，自己一直都在费尽心思迎合孩子的“胃口”，知道孩子刚进入青春期，所以努力地想要给他多一点理解……进入青春期的儿子有些可笑，又有一些可怕。今年仅仅15岁的儿子，一个乳臭未干的小子在我这个母辈的女人面前……

妈妈感到很害怕、很恐慌。妈妈想要为孩子打扫房间，征求孩子同意时，孩子回答自己会看着清扫，不用管他。妈妈当时还认为孩子很乖，现在终于知道他为什么那么做了。

想着如何处理这件事情。把这些影像永久性全部删除？还是什么都不表现出来更好？看到这些到底是件好事？还是说当初没有发现更好呢？虽然儿子是从自己肚子里面生出来的，但是我对他的了解又有多少呢？

爸爸在家庭性教育中要站在前面

“亲爱的，我们家里不能没有你。我一个人无法养育孩子。”

在父母教育讲座上认识的一位母亲，靠着这句告白赢得了在场所有男孩母亲们的掌声。所谓同病相怜其实也是一种不错的状态。原来不是只有我一个人痛苦啊，还有另外一个人也很痛苦，并且能真正地从心里了解我的痛苦，这样我也可以从中得到安慰。

上述故事里，15岁儿子的“性”与妈妈相遇后，引人发笑。但同时也引起了大家的共鸣，让父母们彼此进行更丰富的交流。

一方面，儿子发生遗精之后，会把内裤偷偷地卷起来，在别人看不见的时候偷偷去洗，这绝不是只有在电影或者电视剧里才能看见的场景。另一方面，把儿子看得过于年幼也是问题。首先父母应该先接受这样一个事实：五六年级的孩子，身体上的发育促使他们开始对“性”有了一定的关心。虽然从其他方面来看他还只是个孩子，但是因为开始产生性欲的原因，他们可能会攻击他人，所以这个时期的孩子可不是一般的苦恼。

这时爸爸应该发挥他独特的作用。

无论是对妻子还是对孩子，爸爸都要表明“我自己也是经历这些才长大的”，这些话在这一时刻绝对是别具一番价值的。对于因为自身发生的变化而产生恐慌的儿子来说；对于因偷窥儿子隐私而感到罪恶、困惑无助的快要死掉了的母亲来讲，爸爸无疑为他们提供了最好的答案和最及时的救援。

爸爸的作用在这个时期显得尤为重要。首先，爸爸应该尊重妈妈。这个时期儿子虽然爱妈妈，但却很容易无视妈妈。爸爸对待妈妈的样子往往能够左右儿子对待妈妈的态度。所以为了让孩子不挑战妈妈的权威，平稳地度过这一时期，父母之间的关系很重要。

通过爸爸的帮助，让孩子意识到："原来我是正常的呀。原来我有那种行为是没有错的呀。"孩子听完爸爸的话会安心，并且放下罪恶感。

通过爸爸的帮助，让妈妈意识到："原来我的儿子并不是不正常，这个年龄的孩子这样是正常的，这并不是值得大惊小怪的事情。我的丈夫原来也是这样长大的呀。对于男人来讲，这是再正常不过的事，反而表明儿子处于正常的发育阶段。"这样一来，妈妈也就安心多了。当妈妈捕捉到儿子开始对"性"有了兴趣之后，往往会认为这是一件可怕的事，因此而陷入到巨大的绝望当中。但丈夫会把这个问题单纯化，让家庭重新回到平和的氛围中。

从以往的了解中我们知道，爸爸应该很自然地对儿子进行一定的性教育。

在孩子面前要尊重丈夫

作为儿子的母亲、智慧的妻子，一定要学会好好"活用"丈夫这个角色。从儿子出生的那一刻起，就应教育丈夫要承担起一半养育孩子的责任。教育丈夫和教育孩子并无不同，把养育孩子的几种方法，运用到丈夫身上同样很有效。在儿子面前要极力恭维（称赞）丈夫，这样很多事情就会水到渠成。挽救孩子爸爸威信的同时，也树立了男人的“得意感”。要经常“拜托”丈夫做一些他能够胜任的事情，并且对他完成的结果表示感谢。

“老公，你做任何事情都这么棒。老公最帅了！”

当然如果引导孩子也认同自己的话，那就更棒了。

“敏洙，爸爸真的很帅，对吧？”

如果做到这种程度，你就会是最棒的妻子和最棒的妈妈。既为丈夫增添了骄傲，又让孩子以爸爸为自豪。

哄逗丈夫其实和养育孩子有异曲同工之处，所以妻子总是爱说丈夫就像是自己生的另外一名孩子，但是又不能像爱孩子那样爱丈夫，因此站在丈夫的立场上就觉得很冤枉。儿子享受到的待遇，自己一样都没有享受过，所以觉得很冤枉……我在课堂上经常听到爸爸们讲这样的话。

平时在儿子面前尊重丈夫的妈妈们，遵循孩子不同成长阶段的特点，很容易就会越过一个又一个的坎儿。孩子处于青春期时，就像长刺儿的仙人掌一样，但只要有孩子的爸爸在，其中的很多问题就可以轻易地化解。孩子看到妈妈如此尊重爸爸，不可能没有任何反应。再加上爸爸适时地发挥他自身的作用，于是爸爸在儿子心里树立了一个伟大的形象。儿子在青春期再怎么叛逆，但是在自己心中的“伟人”——爸爸面前，也会绝对地服从。

反过来，如果妈妈经常冲着爸爸大呼小叫，那么在正处于青春期的儿子眼里，就会觉得爸爸是个卑微、懦弱的男人。男孩的特点就是会服从比自己强大的人，因此爸爸的话对儿子就不再起作用了。得不到尊重的爸爸只会用言语威胁儿子或者呵斥儿子，而儿子就会更加不把爸爸放在眼里。这样一来，一直希望丈夫能发挥作用的妻子会觉得更寒心了，也会朝儿子发脾气，如此只能陷入恶性循环中。

这个时期，如果妈妈发现孩子在“性”方面存在问题的话……就会觉得更累了。

关系和谐的夫妻有利于孩子“性”意识的健康发育

男孩开始尝试着了解“性”，这标志着他开始从男孩朝着男人转变。男孩大脑的“下丘脑”区域的细胞数，从婴幼儿时期开始，无论是大小还是数量都要比女孩发达，这也是造成男孩子对“性”具有强烈好奇心的原因。同时男孩子对“性”感到好奇，也是男孩健康成长的证据。

男孩子容易沉浸在具有很多刺激性要素的媒体介质中，男孩们疯狂喜欢电脑游戏和刺激性视频就是证据。如果在这一过程中，儿子开始认为“性”是阴暗见不得光并且隐秘的，那么很有可能会产生更大的问题。

从孩子小时候开始，爸爸妈妈就要把健康阳光的两性关系展现给孩子看。夫妻两个面对面饮茶的场面，相互对视而笑的样子，彼此相互尊重的态度……这些都对孩子“性”意识的健康发展具有示范作用。性不只意味着隐秘、亲吻或做爱，还意味着别的。父母可以通过自己的行为展现给孩子看。相互对视，充满爱意的眼神，紧握住对方的手等温暖而美丽的“性”要经常朝孩子展示，这样有利于孩子对性的认知。

爸爸可以健康地引导儿子的“性”发育。

虽然是成长中必然经历的阶段，但是如果儿子自己解决起来有困难的话，爸爸应该适时地施以援手。爸爸以自己的身体为例给孩子讲解也可以，拿自己的经历当教材向孩子讲述也不错，都会使孩子减少罪恶感和内心的不安。虽然是出于好奇心看了被禁止的黄色录像，但是这对儿子未来正常的性生活是不好的，这些要在与孩子的聊天中自然而然地告诉孩子。

明明知道是怎么回事，却装作不知道。这绝不是正确的解决方法。这一点，爸爸应该是很清楚的。

“爸爸那时候也是这样的。”

用这种话安慰儿子，并不会让儿子沉迷于黄色录像中，因为可以采取一定的办法来解决，比如，与儿子商议后，将电脑移到客厅。爸爸应该懂得让儿子自己摆脱诱惑是一件不容易的事，另外关于使用电脑的时间，爸爸也要和儿子商议。

如果想让儿子和爸爸之间的一切对话变为可能，首先妻子一定要尊重丈夫。儿子看到了爸爸妈妈两个人彼此相爱的样子，那么当爸爸向儿子讲述性知识的时候，孩子他会更容易接受。

父母要在两性关系上为儿子做好榜样，让儿子看到爱的力量。性，由爱而生。这就是父母对儿子进行的最棒的性教育。

在性教育上，爸爸是孩子的第一任老师。不要惊讶孩子的转变，要祝贺儿子开始向成人转变。妻子为了丈夫能够成为孩子性方面的老师，要常常为丈夫加油打气。想要养育好儿子，绝对少不了爸爸的帮助。

TIP

★鼓励孩子“性”成长

1. 引导孩子进行剧烈运动。

剧烈的运动会让孩子在晚上酣然入睡，不胡思乱想。

2. 向孩子坦然地讲解“性”。

男孩对隐秘的东西会具有更大的好奇心，如果对“性”过分关心的话，会妨碍男孩其他的事情。所以请用贴切的话自然地和他谈“性”。

3. 多和儿子去澡堂。

- 儿子可以通过观察爸爸的身体，了解自己的身体变化是正常的。爸爸也可以根据孩子不同的发育阶段自然地对儿子进行性教育。
- 不仅可以直观地看到儿子的身体变化，还能以此为机会和孩子进行对话，了解一下孩子的学校生活和成长过程中正在经历的烦恼。
- 如果平时和孩子交流不够多，甚至不知道该说什么样的话，也可以把“性”当成素材，以此为契机打开话匣子。这样不仅可以增进父子间的感情，还利于孩子平稳地度过青春期。

4. 教给孩子避孕套的使用方法。

爸爸应该以平和、自然的心态向孩子认真地讲述避孕套的作用，及使用避孕套的重要性。这是为孩子的性安全而必须做的事情。

5. 关于女孩的“性知识”，也要向孩子讲述。

避孕的重要性无论男孩还是女孩都必须知晓。

6. 关于自慰，不要吓唬孩子

首先要肯定自慰是出于人体正常需求才有的行为，但也要进行客观的说明：经常自慰对身体是有害的。

后 记

神圣的名字，我的名字是父母

孩子还只是个胎儿的时候，

就在想世间竟还有这种喜悦。

他让我们夫妻真正合二为一，相互融为一体，

我们彼此间相互祝福，感觉好像全世界都充满了喜悦。

当孩子第一次发出胎动的时候，

因为孩子的健康而眼里闪现着泪花。

当丈夫把耳朵贴在肚子上呼唤孩子乳名的时候，

孩子好像也在回应父母的呼唤一样。

那个时候真是高兴得不知如何是好。

孩子在肚子里伸手伸脚胎动的时候，

我们夫妻俩相互对视着哈哈大笑起来。

孩子好像能够明白我们在说什么，真的是个聪明的孩子呀，我们在那段时间充满了期待。

妻子战胜分娩的痛苦，或者说正是因为坚信我们儿子能够健康地诞生，所以妻子才战胜了这苦痛。

“哇”的一声啼哭，孩子出世了，

儿子是如此的幼小，站在他面前的我身躯是如此庞大，我手足无措，不知怎样才好，甚至不知道应该如何抱他。

在周边人的声声祝福和问候中，我们成为了父母的那天，

儿子开始咿呀咿呀说话的那天，

儿子开始有惊无险地迈出第一步的那天，

儿子第一次张口呼唤“妈妈”“爸爸”的那天，

年轻的爸爸妈妈们所拥有的那份喜悦、那份感动，

除了感谢恐怕无法用其他语言来形容。

当儿子专挑危险事情来做，我们叹气的时候，

请想一想我们期待孩子健康降生的时候。

当我们开始生出期望，希望孩子能够流利地诵读文章的时候，

请想一想孩子迈出第一步的时候。

当我们开始生出更大的期望，希望孩子学习好的时候，

请想一想听到我们呼唤乳名并给予回应的那个聪明的小家伙。

那时的喜悦就会骤然涌上心头。

当儿子不听话，引得我们不停唠叨的时候，

请回忆一下分娩时我们只希望孩子能够健康，除此之外别无他求的

那个时候。

当我们拿儿子和前院的孩子、后院的孩子作比较的时候，

请回忆一下第一次听到孩子发出咿呀的说话声音的时候。

我们高兴得热泪盈眶的场景，

那时我们心存感激。

当儿子反抗我们，让我们感觉很疲惫，甚至觉得儿子好像是为了使我们心碎才来到这个世上时，

请回忆一下孩子艰难迈出第一步时，我们拍手欢呼的那个瞬间。

我们成为了那种想要用手触碰蓝天的父母，

成为了那种对儿子有无限期望的父母。

记忆中所有的一切全都被忘掉，现在的我们有这么多的要求，

忘记了那时即使一件小事也足以让我们感恩和感动。

请对孩子进行启蒙，

做了父母就意味着重生了一次，

请多多教育儿子。

人生并不是你决心怎么样就一定会如愿，

所以某些时候你需要叫醒你的孩子。

只有经过不停的磨砺，才会成长为一个完整的人。

成为男孩子的父母之后，别人的女儿仍是别人的女儿，

但是你会发现看待别人的儿子就像看待自己的儿子一样。

成为父母的同时也就意味着成为了长辈。

任何东西都要和别人共享的长辈，

任何事情都会以孩子为先、向孩子让步的长辈，

不只关心现在，甚至开始担心人类未来的长辈。

这一切归根结底都是因为儿子的原因。

在那个遥远的未来，有我们儿子存在。

成为父母才能够感受到这世间真正的喜怒哀乐，

成为父母也就真正确定了自己的人生坐标，

成为父母之后感觉更加感谢自己的父母了，

成为父母之后感觉自己也渐渐变成了不错的人。

神圣的名字。

我的名字是父母。